MÉTHODES INSTRUMENTALES
FastTrack™

raduit de l'anglais par Alexandre Huth

Accords et Gammes pour Clavier

T0057444

Pour y accéder, utilisez l'adresse suivante:
www.halleonard.com/mylibrary

Enter Code
2708-5144-0750-4417

ISBN 978-90-431-0355-8

HAL•LEONARD®

Visit Hal Leonard Online at
www.halleonard.com

Contact Us:
Hal Leonard
7777 West Bluemound Road
Milwaukee, WI 53213
Email: info@halleonard.com

In Europe contact:
Hal Leonard Europe Limited
42 Wigmore Street
Marylebone, London, W1U 2RN
Email: info@halleonardeurope.com

In Australia contact:
Hal Leonard Australia Pty. Ltd.
4 Lentara Court
Cheltenham, Victoria, 3192 Australia
Email: info@halleonard.com.au

INTRODUCTION

Les raisons pour lesquelles vous avez acheté ce livre...

FastTrack™ **Clavier 1** n'a plus de secrets pour vous et vous avez sans doute parcouru FastTrack™ **Clavier 2**. Avant votre tournée mondiale, nous ne saurions trop vous conseiller de mettre ce nouveau volume dans vos bagages.

Ce livre contient cinq points importants :

 Les grandes lignes de la théorie des accords

 Un index facile à utiliser répertoriant plus de 700 diagrammes d'accord

 Les grands principes de la théorie des gammes et des modes

 Des schémas expliquant la construction de 5 gammes et 7 modes

 Une 'Jam Session' spéciale qui permet de mettre en pratique les accords et les gammes appris.

> IMPORTANT : Cet ouvrage est un outil de référence (l'équivalent d'un dictionnaire) et ne remplit pas les mêmes fonctions qu'une méthode de clavier. Pour cela, reportez-vous s'il vous plaît à FastTrack™ **Clavier 1** ou 2 (ou faites juste semblant, et nous, de notre côté, on n'en parle plus).

Rappelez-vous que si vos doigts vous font mal, c'est signe qu'il faut prendre une pause. Quelques accords de ce livre exigent un écartement important des doigts, et certaines gammes, des doigts souples et un jeu délié. Cela s'acquiert avec de la pratique et de la patience (on apprend à éviter les crampes).

Dès que vous serez prêt, mettez l'interrupteur "Power" sur "On", faites craquer vos doigts et apprenez une série d'accords et de gammes...

À PROPOS DU AUDIO

Vous aurez remarqué, et nous en sommes heureux, que ce livre possède un petit plus – pistes audio ! Tous les morceaux de la 'Jam Session' y sont enregistrés, ce qui vous permet non seulement de voir à quoi ils ressemblent, mais surtout de jouer avec l'accompagnement. Reportez-vous au audio chaque fois que vous rencontrerez le symbole suivant : **❶**

Chaque plage du audio commence par une série de clicks vous indiquant le tempo et la mesure. Réglez la balance de votre lecteur audio complètement à droite pour entendre le synthé mis en avant par rapport aux autres instruments et complètement à gauche pour entendre en priorité l'accompagnement. Au fur et à mesure que vous gagnez en confiance, essayez de jouer avec le reste du groupe.

OÙ TROUVER CE QUE L'ON CHERCHE

SE METTRE DANS LE BAIN DIRECTEMENT

Qu'est-ce qu'un accord ?

Un **accord** se définit comme un ensemble de trois notes ou plus jouées simultanément. Les accords constituent **l'harmonie** sur laquelle s'appuie la mélodie d'un morceau.

Dans ce livre, nous utiliserons par commodité, en lieu et place de la notation française, la notation internationale pour désigner les accords. Vous trouverez ci-dessous une table de correspondance : A = La   B = Si   C = Do   D = Ré   E = Mi   F = Fa   G = Sol

La plupart du temps, les accords sont représentés par des **symboles d'accord** qui sont, d'ordinaire, imprimés au-dessus de la portée. Ces signes ne sont autres que l'abréviation du nom de l'accord. Par exemple, l'accord **fa dièse mineur sept** est désigné par le symbole **F#m7**.

S'organiser...

Le symbole donne deux informations à propos de l'accord, sa **fondamentale** et son **type** :

1. La **fondamentale** est la note qui donne son nom à l'accord. Par exemple, la fondamentale de l'accord C est la note do, la fondamentale d'un F#m7 est fa dièse (Simple comme bonjour !) :

2. Le **type** de l'accord est indiqué par son **suffixe** ou **chiffrage** (m, 7, sus, maj9). Il existe de nombreux types d'accord, de suffixes et de chiffrages possibles, mais pas de panique. Avec un peu d'entraînement, on les reconnaît facilement. Dans cet ouvrage, tous les accords sont répertoriés selon leur type, il peut donc être utile de conserver à portée de main la liste ci-dessous :

Suffixe/Chiffrage	Type d'Accord	Suffixe/Chiffrage	Type d'Accord
ni suff. ni chiff.	majeur	m7, min7, -7	mineur sept
m, min, -	mineur	7#5, +7	sept, quinte augmentée
+, aug, (#5)	quinte augmentée	7♭5, 7(-5)	sept, quinte diminuée
dim, °	diminué	m7♭5, m7(-5)	mineur sept, quinte diminuée
sus, sus4	quarte suspendue	7(♭9), 7(-9)	sept, neuvième mineure
♭5, -5	quinte diminuée	7#9	sept, neuvième augmentée
6	six (de sixte)	9	de neuvième
m6, -6	mineur six	m9	mineur neuf
6/9	six, neuvième ajoutée	11	de onzième
7, dom7	septième (de dominante)	m11	mineur onze
dim7, °7	de septième diminuée	13	de treizième
maj7, M7	septième majeure		

Evidemment, à un moment ou à un autre, il se peut que vous rencontriez d'autres types d'accord (ou que vous créiez vos propres accords), mais ceux qui apparaissent dans la liste ci-dessus sont les plus courants.

CONSTRUIRE DES ACCORDS
(pas besoin de ciment !)

Les accords se construisent à l'aide de "blocs" qu'il s'agit de superposer les uns au-dessus des autres. En termes musicaux, un bloc s'appelle un intervalle. Un **intervalle** est la distance qui sépare deux notes (quelles qu'elles soient). Voici un aperçu des principaux intervalles si l'on se sert de do comme fondamentale :

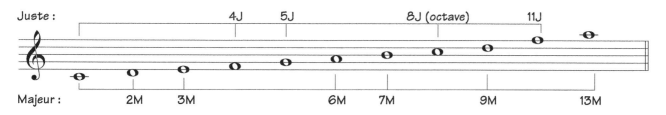

Notez bien que ces intervalles sont divisés en deux groupes : **Majeur (M)** et **Juste (J)**. FACILE À RETENIR : quartes, quintes, octaves et onzièmes sont justes ; tous les autres intervalles sont majeurs.

Tout est relatif...

On peut agir sur un intervalle particulier en augmentant ou en diminuant le nombre de **tons** qui séparent les deux notes. La façon dont un intervalle est altéré détermine la catégorie d'intervalle à laquelle il va appartenir : **majeur, mineur, juste, augmenté** ou **diminué**. Les catégories sont reliées les unes aux autres de la manière suivante :

Un intervalle **majeur** auquel on enlève un demi-ton correspond à un intervalle **mineur**. Un intervalle **mineur** devient **diminué** lorsqu'on l'abaisse à son tour d'un demi-ton.

Un intervalle **majeur** ou **juste** auquel on ajoute un demi-ton équivaut à un intervalle **augmenté**.

Un intervalle **juste** auquel on enlève un demi-ton équivaut à un intervalle **diminué**

Le **type** d'un intervalle est déterminé par le nombre de tons qui sépare les deux notes. Passez en revue le tableau suivant et familiarisez-vous avec tous les types d'intervalle…

AIDE-MÉMOIRE : Sur votre clavier (ou sur celui de quelqu'un d'autre), d'une touche à la suivante (qu'elles soient blanches ou noires) il y a un **demi-ton** ; pour un intervalle **d'un ton**, allez deux touches plus loin que celle sur laquelle vous vous trouvez.

Intervalle	Abréviation	Tons	Notes	Intervalle	Abréviation	Tons	Notes
unisson	unis.	aucun		sixte majeure	6M	4 1/2	
seconde mineure	2m	demi-ton		sixte augmentée*	6aug	5	
seconde majeure	2M	un ton		septième mineure*	7m	5	
seconde augmentée*	2aug	1 1/2		septième majeure	7M	5 1/2	
tierce mineure*	3m	1 1/2		octave juste	8J	6	
tierce majeure	3M	2		neuvième mineure	9m	6 1/2	
quarte juste	4J	2 1/2		neuvième majeure	9M	7	
quarte augmentée*	4aug	3		neuvième augmentée	9aug	7 1/2	
quinte diminuée*	5dim	3		onzième juste	11J	8 1/2	
quinte juste	5J	3 1/2		onzième augmentée	11aug	9	
quinte augmentée*	5aug	4		treizième mineure	13m	10 1/2	
sixte mineure*	6m	4		treizième majeure	13M	11	

* N. B. : De même qu'avec les dièses et les bémols, deux noms d'intervalle différents peuvent désigner le même son (par exemple, 4aug et 5dim). Ces notes et intervalles désignant des sons identiques mais portant des noms différents s'appellent des **équivalents enharmoniques**.

Haussons le ton...

Une fois que ce qui précède a été compris (et bien assimilé), il est très simple de construire des accords : il suffit d'ajouter des intervalles à la fondamentale. Le type d'intervalle utilisé détermine le **type d'accord** qui résulte de cette opération. Commençons par voir les accords de base, ceux de trois sons, construits à partir de la fondamentale do :

Les accords **majeurs** se composent de la fondamentale, d'une 3M et d'une 5J.

Les accords **mineurs** se composent de la fondamentale, d'une 3m et d'une 5J.

Les accords **augmentés** se composent de la fondamentale, d'une 3M et d'une 5aug.

Les accords **diminués** se composent de la fondamentale, d'une 3m et d'une 5dim.

Dès lors que vous vous serez familiarisé avec les principaux types d'accord, il vous sera possible d'en construire des myriades simplement en ajoutant, soustrayant, augmentant ou diminuant des intervalles.

Prêt à mettre les bouchées doubles ?

Lorsque l'on apprend à construire des accords, il est important de connaître les notions de double dièse (✘) et double bémol (♭♭). Ces signes apparaissent lorsqu'une note déjà diésée (ou bémolisée) subit à nouveau une altération d'un demi-ton. Par exemple, la quinte de l'accord si majeur est un fa♯. La construction d'un si majeur augmenté nécessite que l'on élève le fa♯ d'un demi-ton pour obtenir un fa✘ (qui se trouve être, en fait, la note sol).

CONSTRUIRE À L'AIDE DE LA GAMME

Les notes d'un accord peuvent également être déterminées en utilisant une **formule** numérique. Il s'agit d'assigner un chiffre aux différents tons de la gamme majeure. Si, par exemple, on se base sur la gamme de do majeur, la formule 1-3♭-5 signifie qu'il faut jouer la fondamentale (do), une tierce bémolisée (mi♭), et la quinte (sol). Wow...! C'est Cm, l'accord de do mineur !

Ci-dessous, un tableau résume la construction de tous les types d'accord (il ne contient que ceux qui sont construits à partir de la gamme de do majeur) :

GAMME DE DO MAJEUR = do-ré-mi-fa-sol-la-si-do

Symbole	Type d'accord	Formule	Nom des notes
C	majeur	1-3-5	do-mi-sol
Cm	mineur	1-3♭-5	do-mi♭-sol
C+	quinte augmentée	1-3-5♯	do-mi-sol♯
Cdim	mineur, quinte diminuée	1-3♭-5♭	do-mi♭-sol♭
Csus2	seconde suspendue	1-2-5	do-ré-sol
Csus4	quarte suspendue	1-4-5	do-fa-sol
C(add9)	neuf (de neuvième)	1-3-5-9	do-mi-sol-ré
Cm(add9)	mineur neuf	1-3♭-5-9	do-mi♭-sol-ré
C6	six (de sixte)	1-3-5-6	do-mi-sol-la
Cm6	mineur six	1-3♭-5-6	do-mi♭-sol-la
C6/9	six, neuvième ajoutée	1-3-5-6-9	do-mi-sol-la-ré
Cm6/9	mineur six, neuvième ajoutée	1-3♭-5-6-9	do-mi♭-sol-la-ré
C7	septième (de dominante)	1-3-5-7♭	do-mi-sol-si♭
Cdim7	septième diminuée	1-3♭-5♭-7♭♭	do-mi♭-sol♭-si♭♭
C7sus4	septième, quarte suspendue	1-4-5-7♭	do-fa-sol-si♭
Cmaj7	septième majeure	1-3-5-7	do-mi-sol-si
Cm7	mineur sept	1-3♭-5-7♭	do-mi♭-sol-si♭
Cm(maj7)	mineur, septième majeure	1-3♭-5-7	do-mi♭-sol-si
Cmaj7♭5	septième majeure, quinte diminuée	1-3-5♭-7	do-mi-sol♭-si
Cm7♭5	mineur sept, quinte diminuée	1-3♭-5♭-7♭	do-mi♭-sol♭-si♭
C7♯5	sept, quinte augmentée	1-3-5♯-7♭	do-mi-sol♯-si♭
C7♭5	sept, quinte diminuée	1-3-5♭-7♭	do-mi-sol♭-si♭
C7♭9	sept, neuvième mineure	1-3-5-7♭-9♭	do-mi-sol-si♭-ré♭
C7♯9	sept, neuvième augmentée	1-3-5-7♭-9♯	do-mi-sol-si♭-ré♯
C7♯5(♭9)	sept, quinte augmentée, neuvième mineure	1-3-5♯-7♭-9♭	do-mi-sol♯-si♭-ré♭
C9	neuvième	1-3-5-7♭-9	do-mi-sol-si♭-ré
Cmaj9	septième majeure, neuf	1-3-5-7-9	do-mi-sol-si-ré
Cm9	mineur neuf	1-3♭-5-7♭-9	do-mi♭-sol-si♭-ré
C11	onzième	1-5-7♭-9-11	do-mi-sol-si♭-ré-fa
Cm11	mineur onze	1-3♭-5-7♭-9-11	do-mi♭-sol-si♭-ré-fa
C13	treizième	1-3-5-7♭-9-13	do-mi-sol-si♭-ré-fa-la

C'est déjà pas mal !

Ne vous laissez pas submerger par toutes ces considérations théoriques. Cherchez les accords dont vous avez besoin et apprenez à les jouer. Ou, que diable, inventez vos propres accords et s'ils sonnent bien, jouez-les ! Si, comme ce sera certainement le cas, vous rencontrez des accords qui ne sont pas répertoriés dans ce livre, il vous faudra soit reconstruire l'accord à l'aide des intervalles dont les noms apparaissent dans le suffixe et le chiffrage, soit le rapporter par réduction à un accord plus courant de septième ou de neuvième.

QU'EST-CE QU'UN RENVERSEMENT ?

La fondamentale d'un accord n'est pas systématiquement sa note la plus basse. Les notes d'un accord peuvent être disposées de différentes façons sans que cela produise pour autant un tout autre accord. Cette disposition des notes dans un ordre différent (produisant cependant un accord identique) s'appelle un renversement.

Le nombre des renversements possibles dépend du nombre de notes que contient l'accord. Par exemple, un accord de trois sons a une position fondamentale et deux renversements, un accord de quatre sons a trois renversements, et ainsi de suite...

Position fondamentale

Pour cette position, comme son nom l'indique, placez la fondamentale au bas de l'accord :

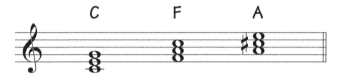

1er Renversement

Il suffit de déplacer la fondamentale en la renvoyant au sommet de l'accord (à l'octave supérieure).

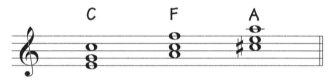

2ème Renversement

Prenez la deuxième note la plus basse et placez-la à l'octave supérieure (au-dessus de la fondamentale) :

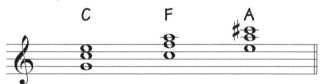

Comment se décider ?

Bien qu'en théorie il vous soit possible d'utiliser indifféremment l'une ou l'autre des positions en toute situation, voici les deux critères selon lesquels il convient de faire son choix :

 Doigté. Essayez d'utiliser le renversement le plus proche, en termes de doigté, de l'accord qui précède et de celui qui suit afin que la main n'effectue pas un trop grand déplacement sur le clavier. Ceci évitera aux suites et aux changements d'accord d'être trop brutaux.

 Note prédominante. En règle générale, la note la plus haute de l'accord sera celle que l'on percevra le mieux. Si vous jouez un do majeur dans son premier renversement, la note prédominante sera le do. Généralement, on place en haut des accords les notes qui font partie de la mélodie du morceau.

Une dernière chose...

L'illustration ci-dessous montre comment il faut lire les diagrammes représentant tous les accords de trois et quatre notes (de la page 12 à la page 41) :

Les notes des touches
blanches sont ombrées.

Les notes sur les touches
noires sont entourées d'un cercle.

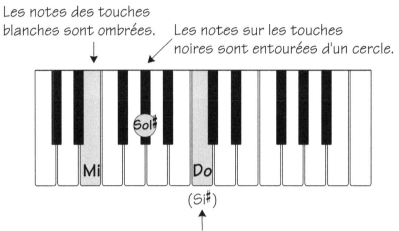

Entre parenthèses, on trouve le terme théorique qui, dans le cas de cet accord précis, doit désigner la note (tels que les doubles-dièses, etc.), mais sur le diagramme lui-même, nous lui avons attribué son nom le plus simple.

RAPPEL : Pour jouer un accord, on peut utiliser indifféremment la main droite ou la main gauche, ou même les deux mains. Essayez toutes les façons de jouer le même accord, dans tous les renversements possibles.

Trop de notes pour une seule main...

Un certain nombre d'accords comportent plus de notes que l'on ne peut en jouer avec une seule main. Pour ces accords plus complexes (pages 42 à 48), le diagramme présente la totalité des notes de l'accord. Mais n'allez pas vous blesser, essayez une approche à deux mains. Par exemple :

Toutes les notes de l'accord C13

Jouez-le de cette manière...

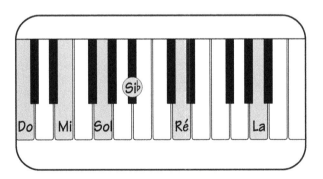

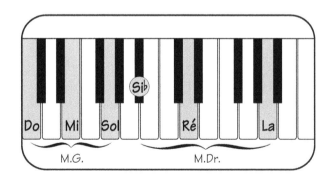

Amusez-vous bien !

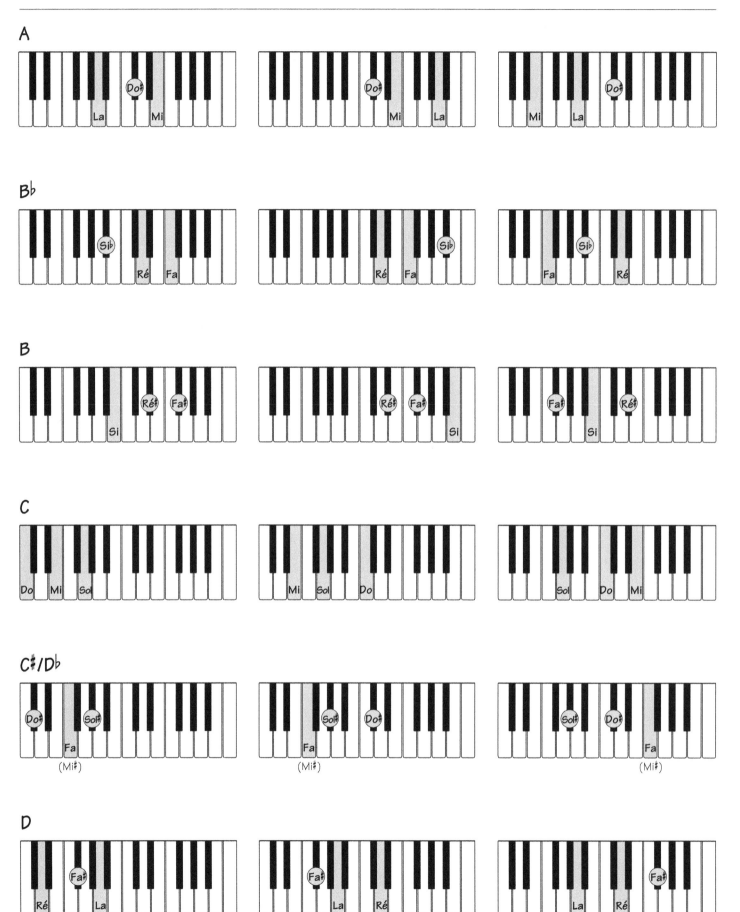

Position fondamentale	1er Renversement	2ème Renversement

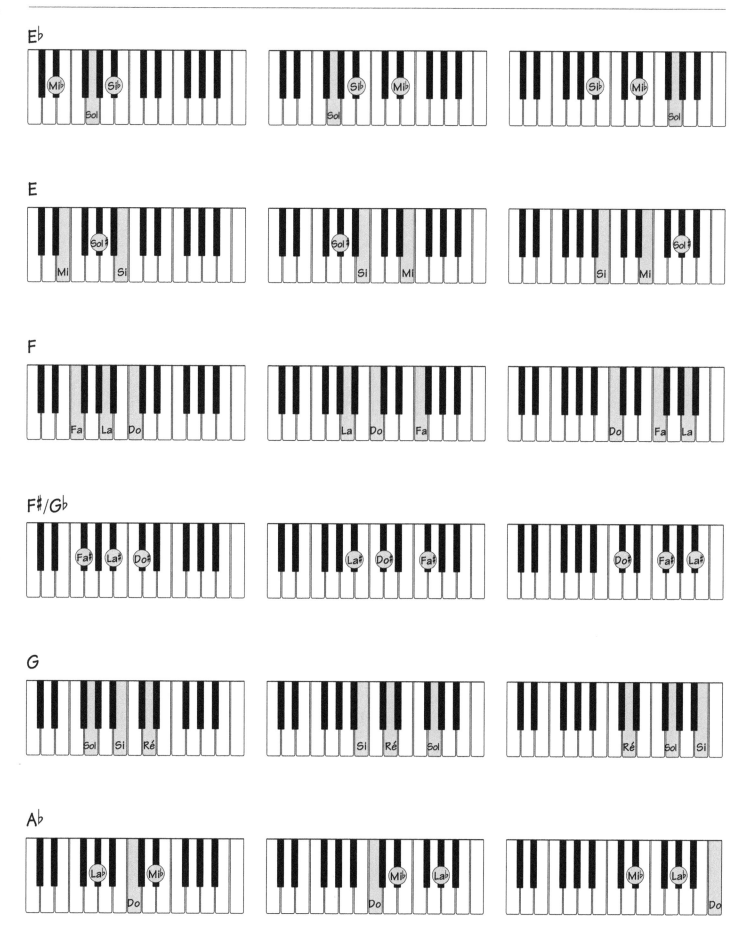

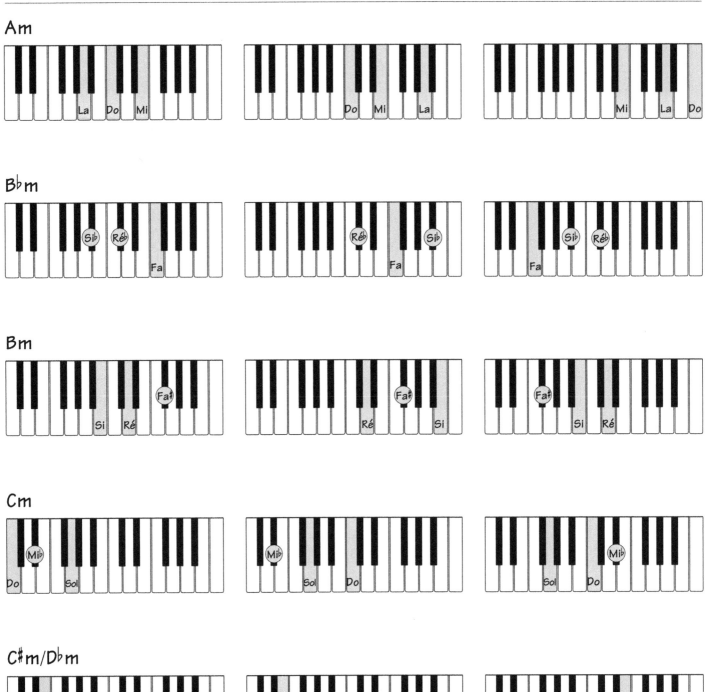

Position fondamentale	1er Renversement	2ème Renversement

E♭m

Em

Fm

F#m/G♭m

Gm

A♭m

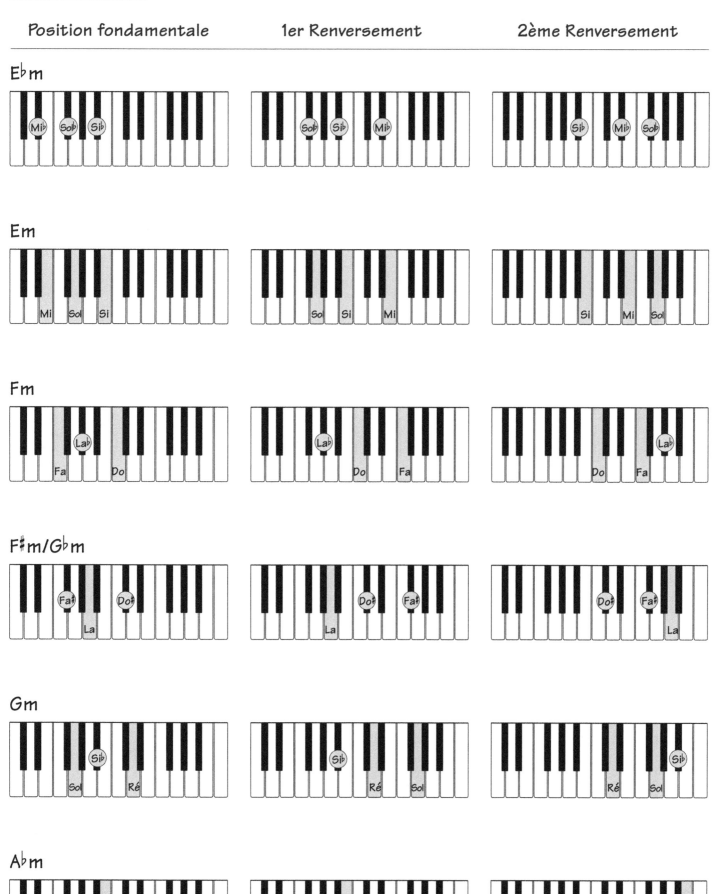

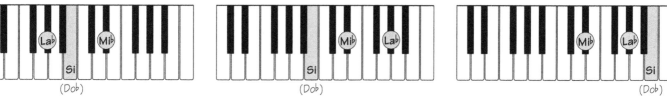

Position fondamentale	1er Renversement	2ème Renversement

A+

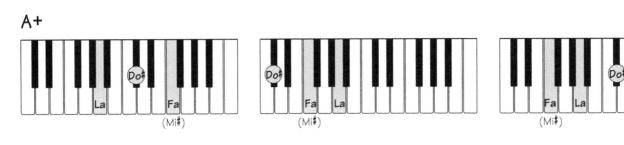

B♭+

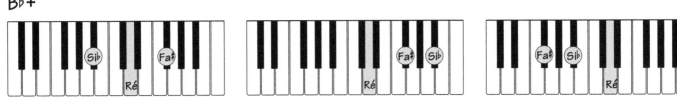

B+

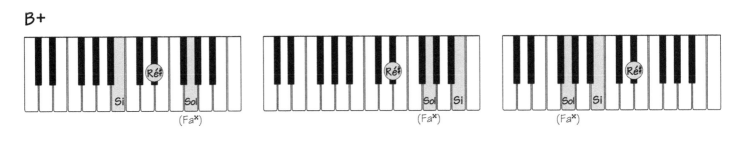

C+

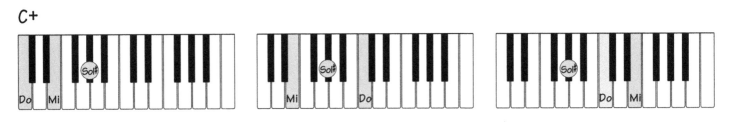

C#+/D♭+

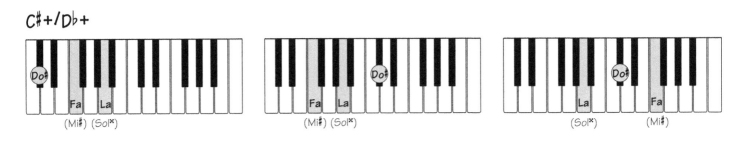

D+

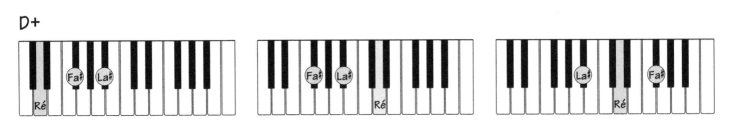

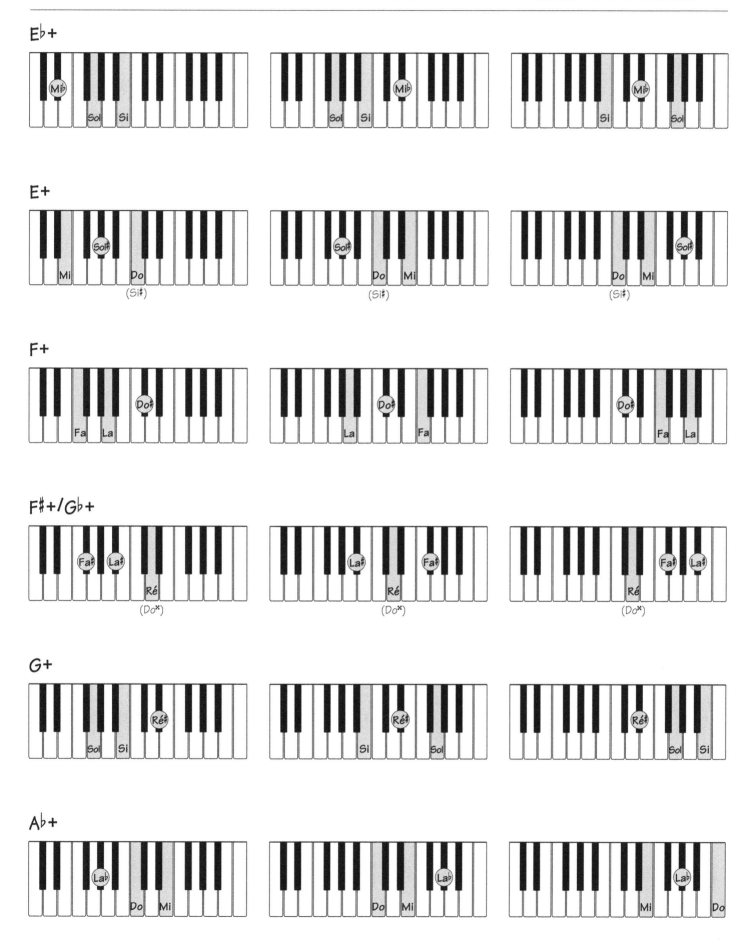

Mineur, Quinte diminuée

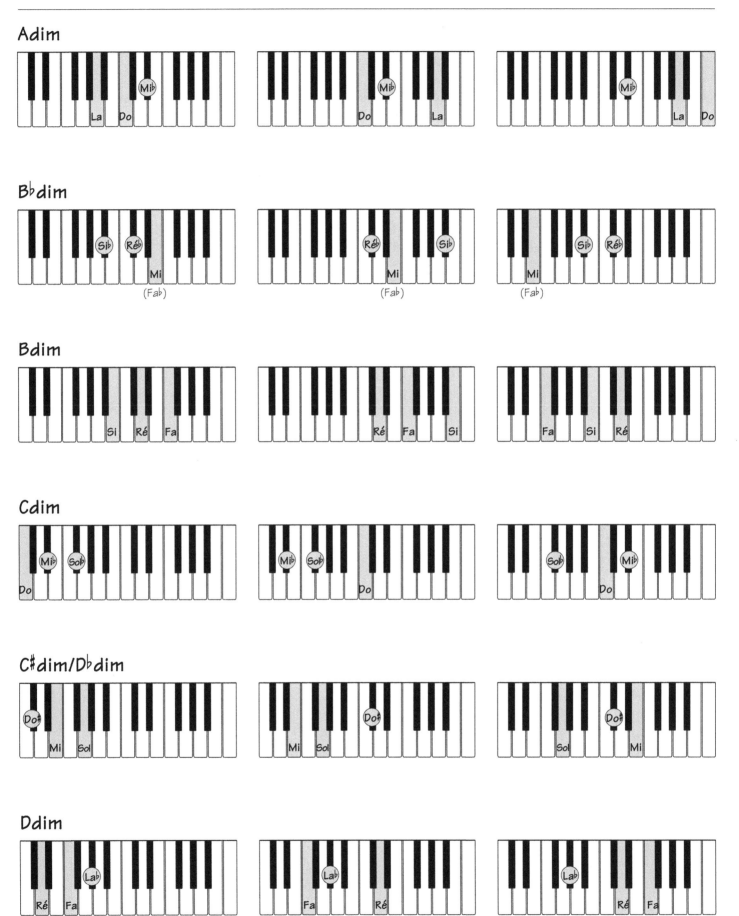

	Position fondamentale	1er Renversement	2ème Renversement

Adim

B♭dim

Bdim

Cdim

C♯dim/D♭dim

Ddim

Position fondamentale	1er Renversement	2ème Renversement

E♭dim

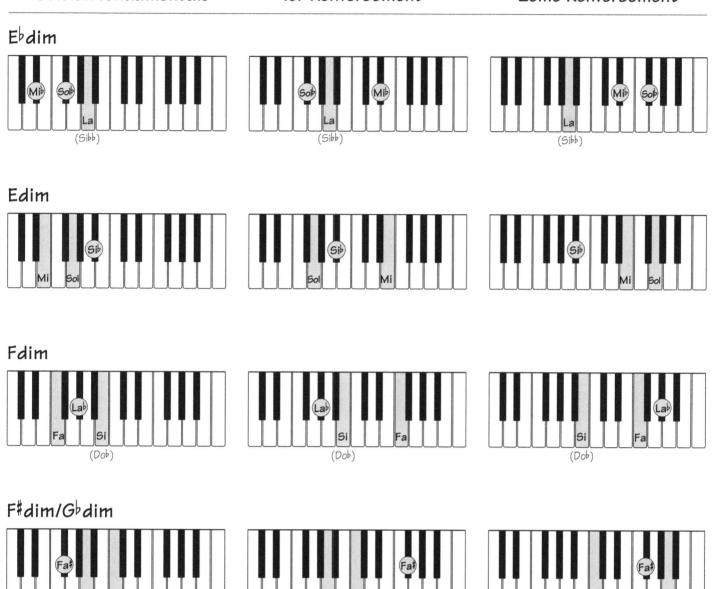

Edim

Fdim

F♯dim/G♭dim

Gdim

A♭dim

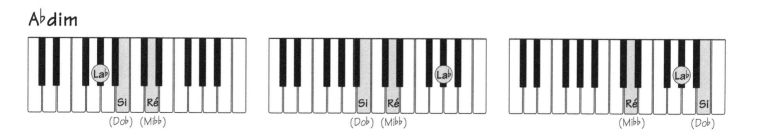

Position fondamentale	1er Renversement	2ème Renversement

Asus

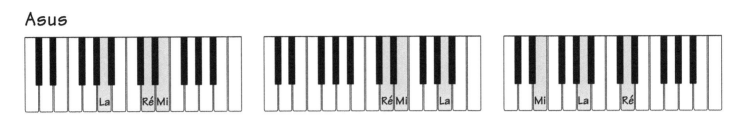

B♭sus

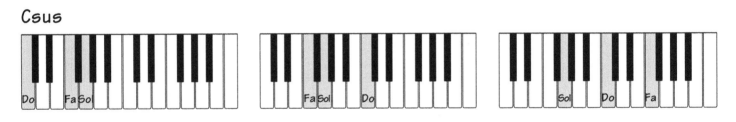

Bsus

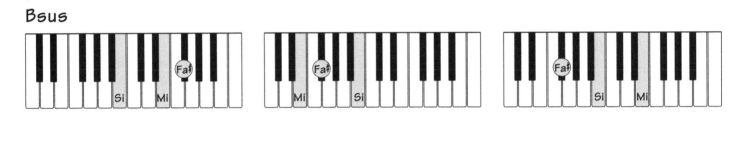

Csus

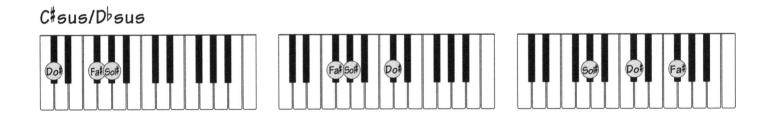

C#sus/D♭sus

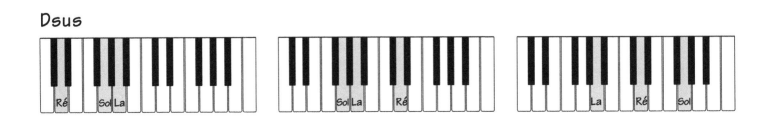

Dsus

Position fondamentale	1er Renversement	2ème Renversement

E♭sus

Esus

Fsus

F♯sus/G♭sus

Gsus

A♭sus

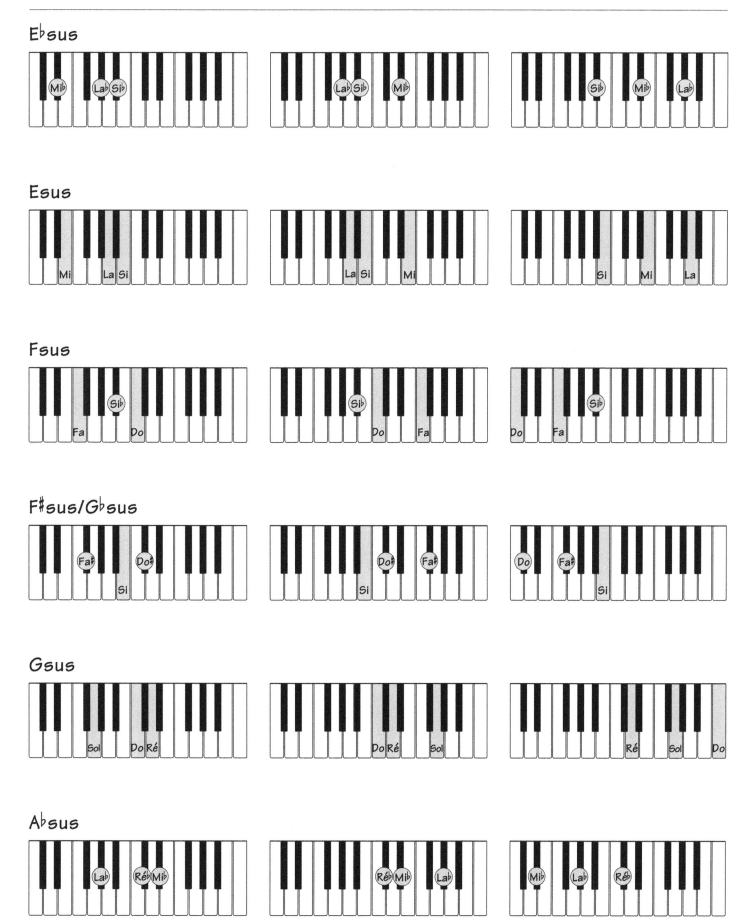

Position fondamentale	1er Renversement	2ème Renversement

A(♭5)

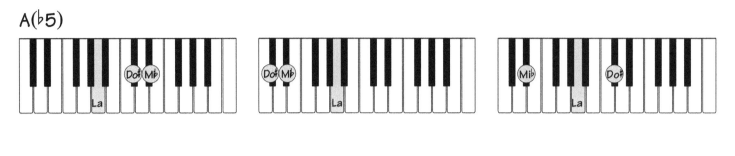

B♭(♭5)

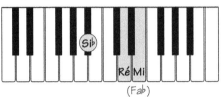

B(♭5)

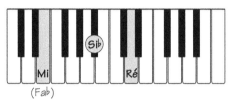

C(♭5)

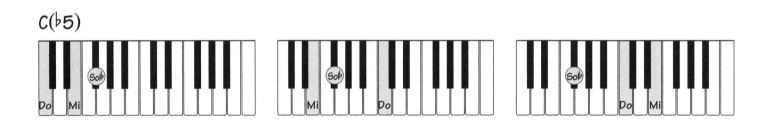

C♯(♭5)/D♭(♭5)

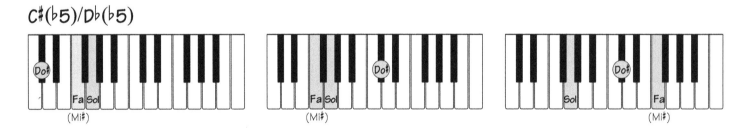

D(♭5)

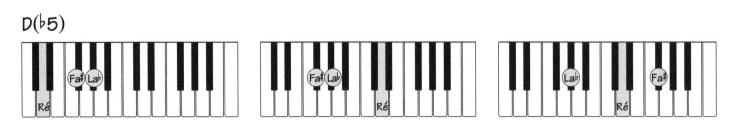

Position fondamentale | 1er Renversement | 2ème Renversement

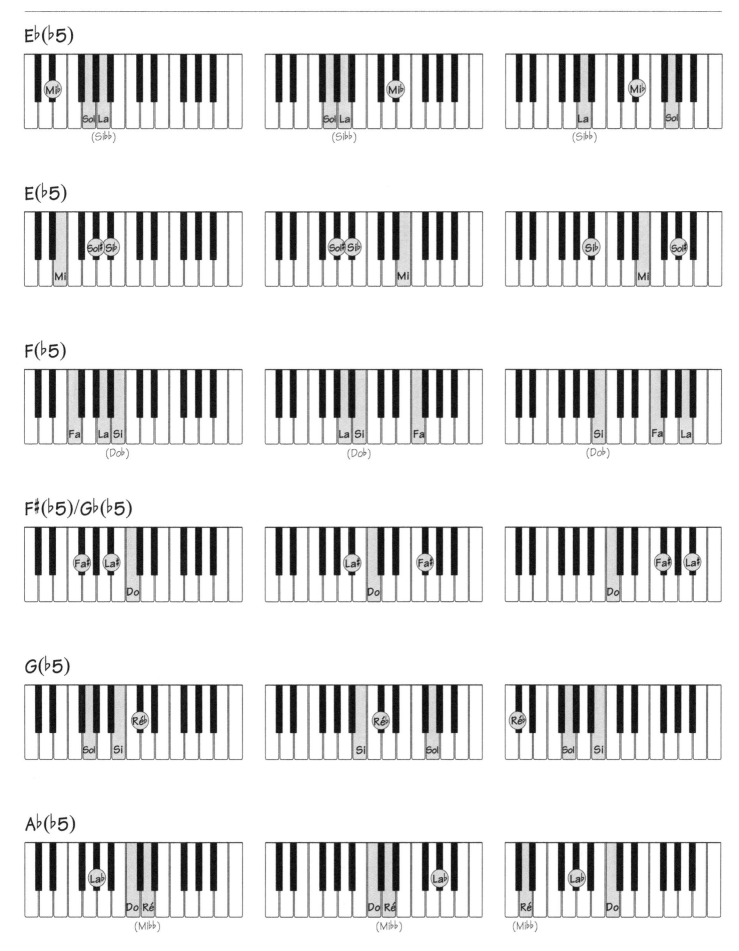

Position fondamentale	1er Renversement	2ème Renversement	3ème Renversement

A6

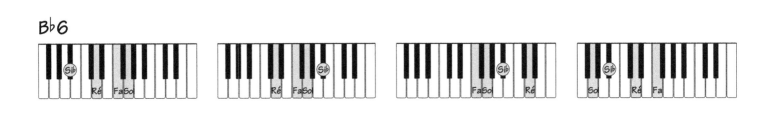

B♭6

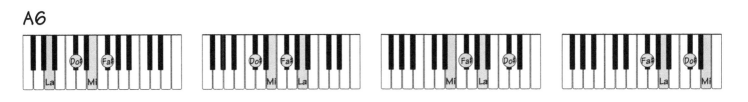

B6

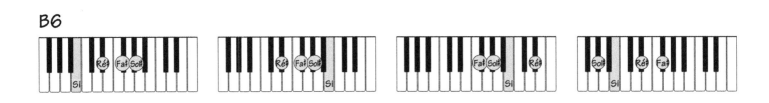

C6

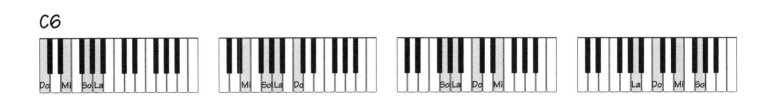

C#6/D♭6

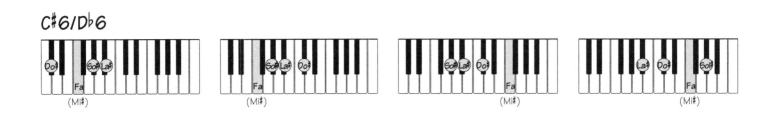

D6

Sixte (suite)

Position fondamentale	1er Renversement	2ème Renversement	3ème Renversement

Eb6

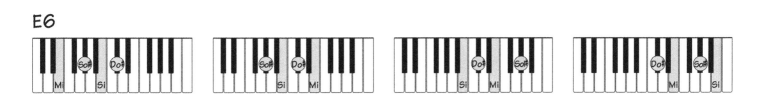

E6

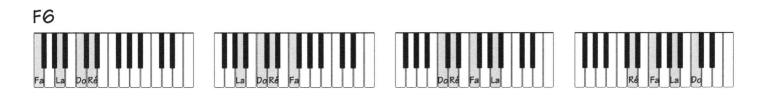

F6

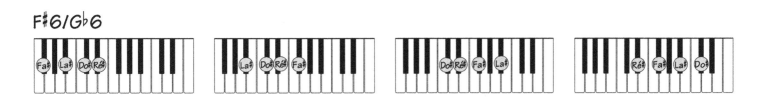

F#6/Gb6

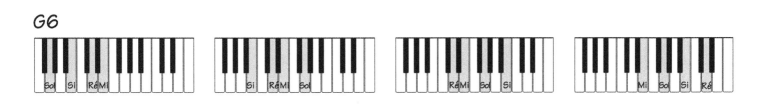

G6

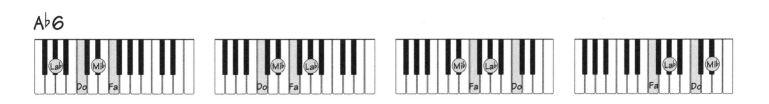

Ab6

 Mineur Six

| Position fondamentale | 1er Renversement | 2ème Renversement | 3ème Renversement |

Am6
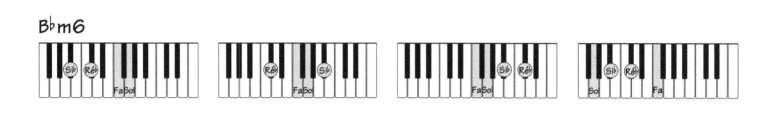

B♭m6
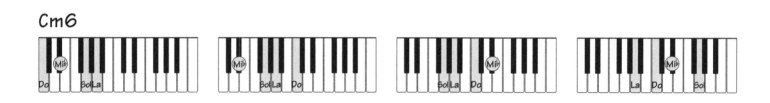

Bm6
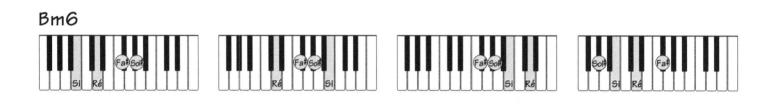

Cm6
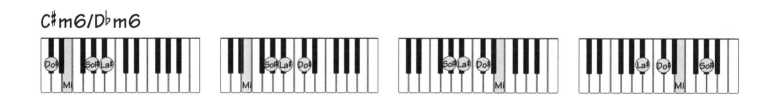

C#m6/D♭m6
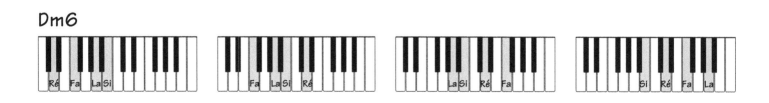

Dm6

Position fondamentale	1er Renversement	2ème Renversement	3ème Renversement

E♭m6

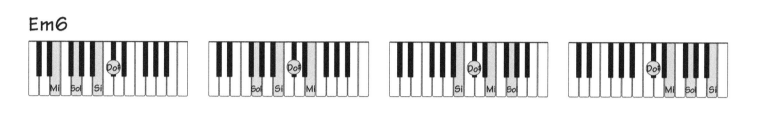

Em6

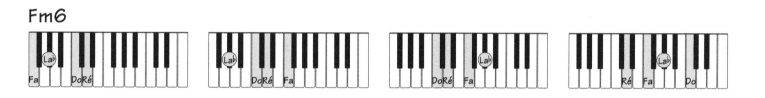

Fm6

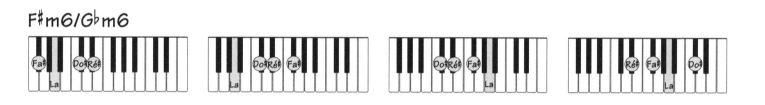

F♯m6/G♭m6

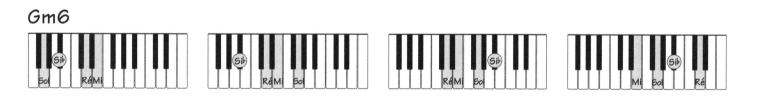

Gm6

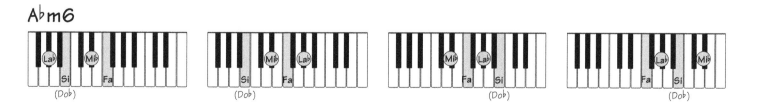

A♭m6

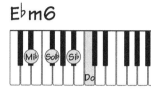

Septième de dominante

| Position fondamentale | 1er Renversement | 2ème Renversement | 3ème Renversement |

A7

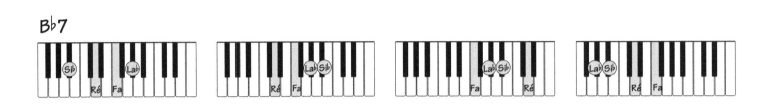

B♭7

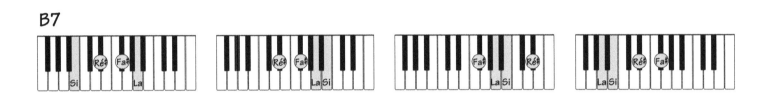

B7

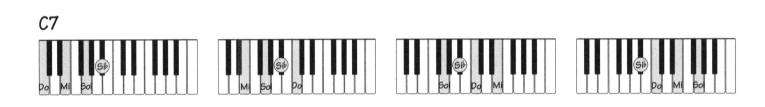

C7

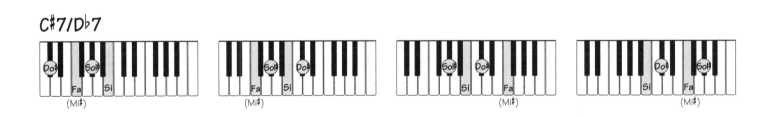

C#7/D♭7

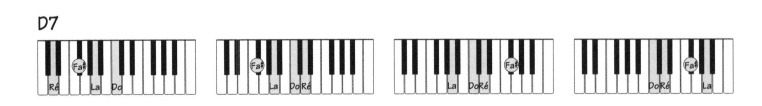

D7

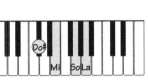

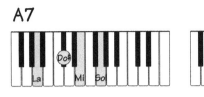

Position fondamentale	1er Renversement	2ème Renversement	3ème Renversement

Eb7

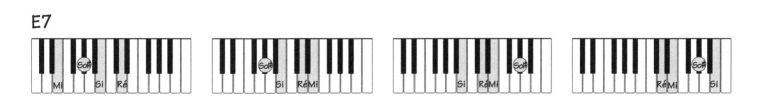

E7

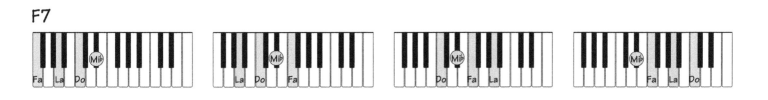

F7

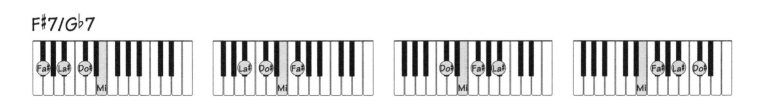

F#7/Gb7

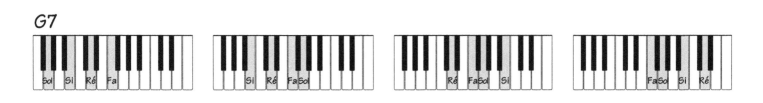

G7

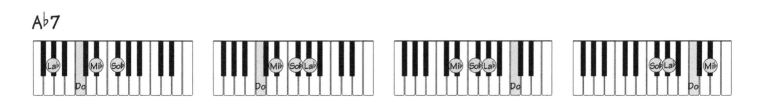

Ab7

Position fondamentale	1er Renversement	2ème Renversement	3ème Renversement

Am7

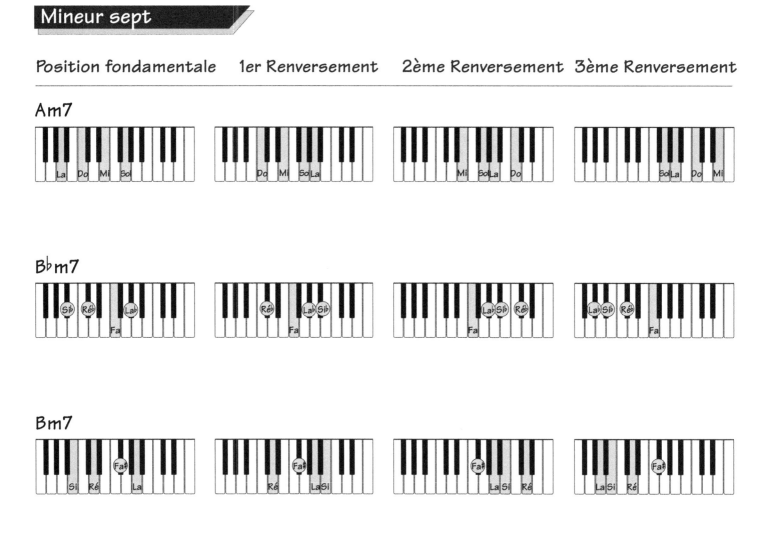

B♭m7

Bm7

Cm7

C♯m7/D♭m7

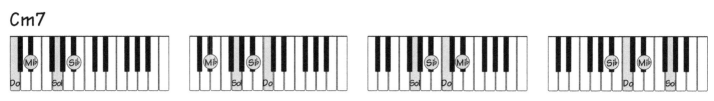

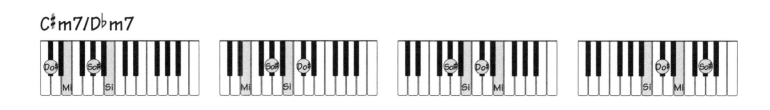

Dm7

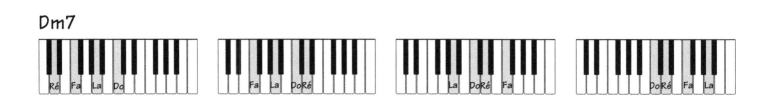

| Position fondamentale | 1er Renversement | 2ème Renversement | 3ème Renversement |

E♭m7

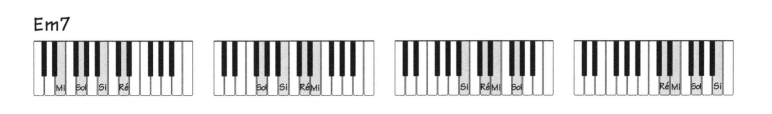

Em7

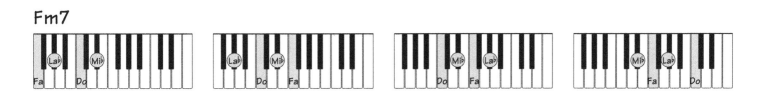

Fm7

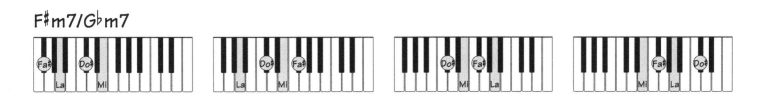

F#m7/G♭m7

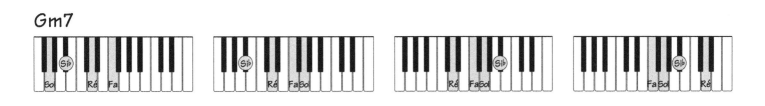

Gm7

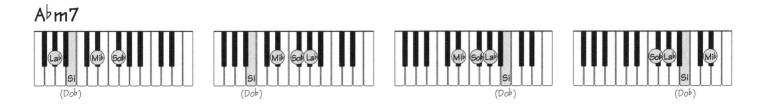

A♭m7

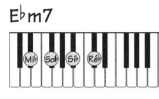

Position fondamentale	1er Renversement	2ème Renversement	3ème Renversement

Amaj7

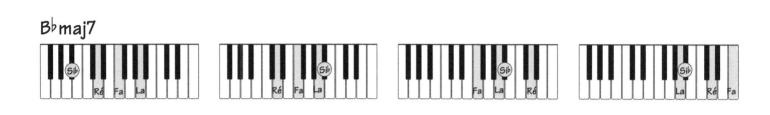

B♭maj7

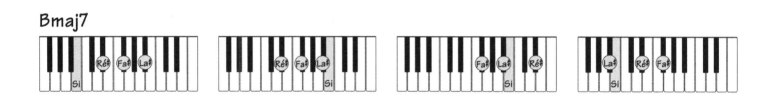

Bmaj7

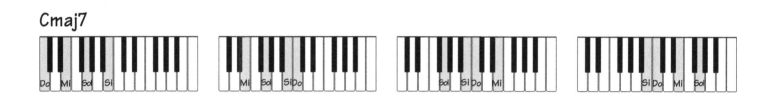

Cmaj7

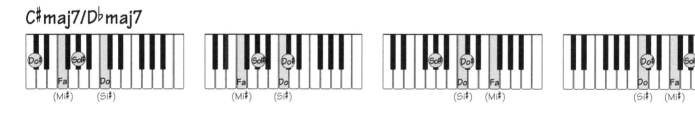

C♯maj7/D♭maj7

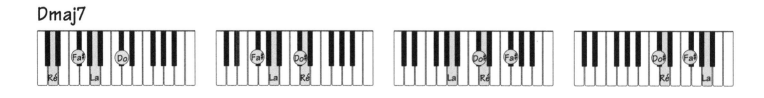

Dmaj7

Septième majeure (suite)

Position fondamentale	1er Renversement	2ème Renversement	3ème Renversement

E♭maj7

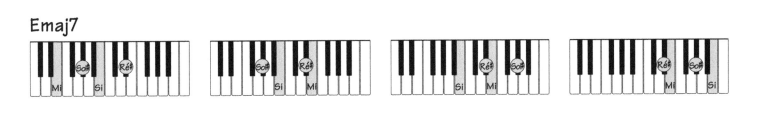

Emaj7

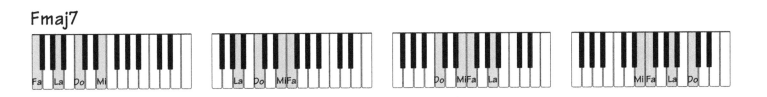

Fmaj7

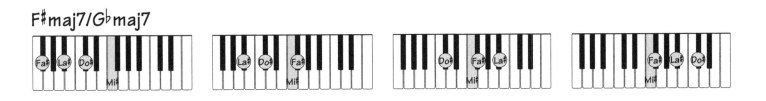

F#maj7/G♭maj7

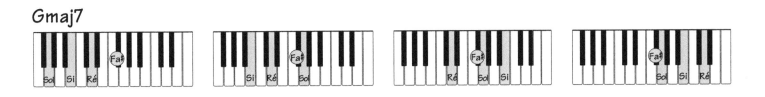

Gmaj7

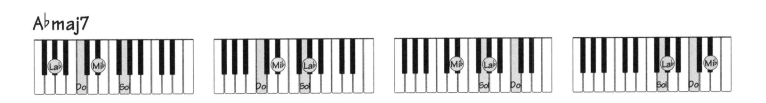

A♭maj7

Sept, Quinte augmentée

Position fondamentale	1er Renversement	2ème Renversement	3ème Renversement

A7#5

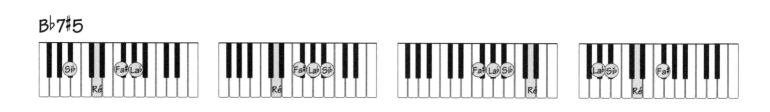

B♭7#5

B7#5

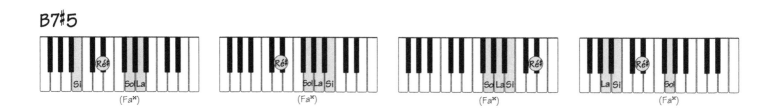

C7#5

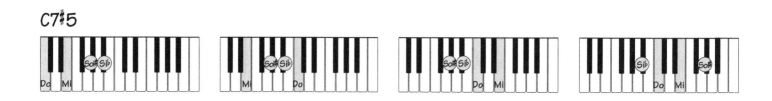

C#7#5/D♭7#5

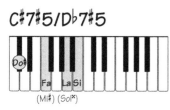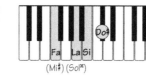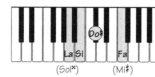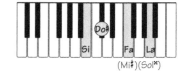

D7#5

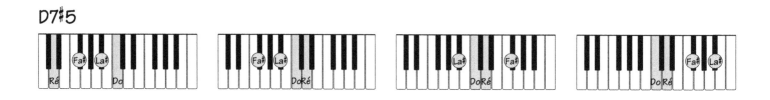

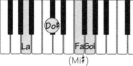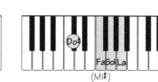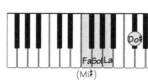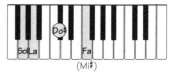

| Position fondamentale | 1er Renversement | 2ème Renversement | 3ème Renversement |

Eb7#5

E7#5

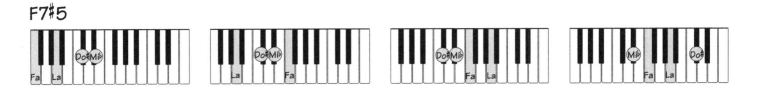

F7#5

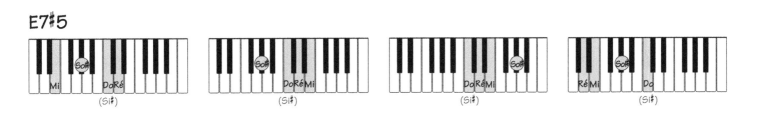

F#7#5/Gb7#5

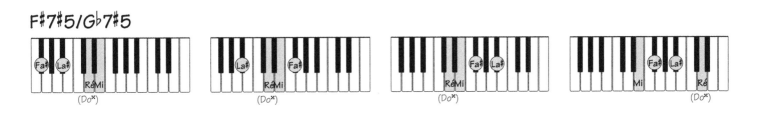

G7#5

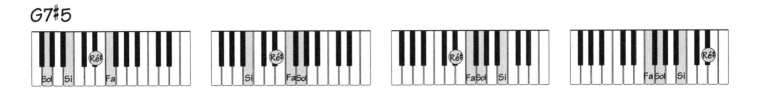

Ab7#5

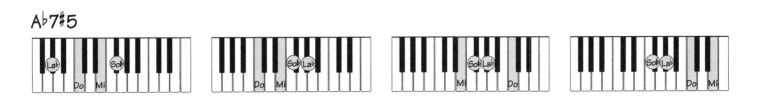

Position fondamentale   1er Renversement   2ème Renversement   3ème Renversement

Adim7

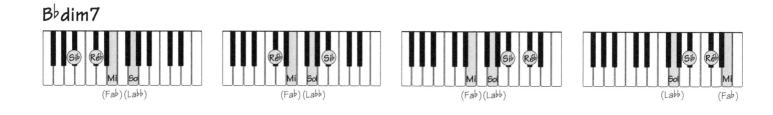

B♭dim7

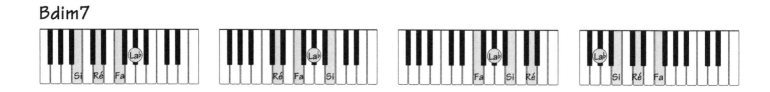

Bdim7

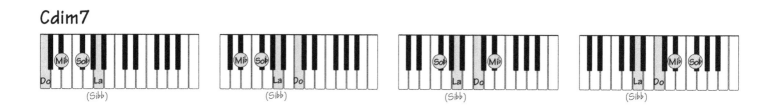

Cdim7

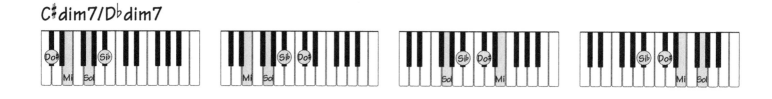

C♯dim7/D♭dim7

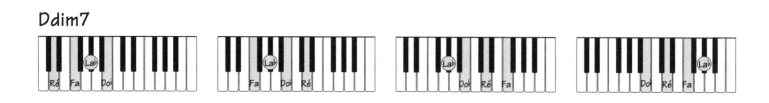

Ddim7

Position fondamentale	1er Renversement	2ème Renversement	3ème Renversement

E♭dim7

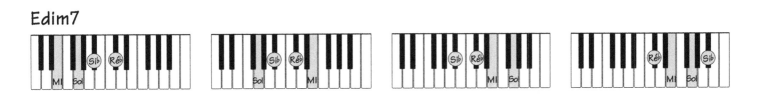

Edim7

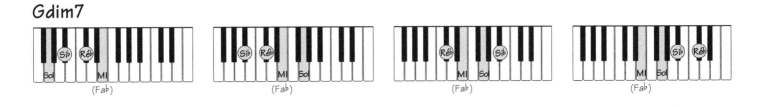

Fdim7

F#dim7/G♭dim7

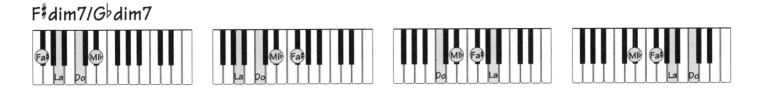

Gdim7

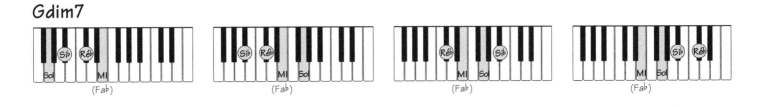

A♭dim7

Position fondamentale	1er Renversement	2ème Renversement	3ème Renversement

A7♭5

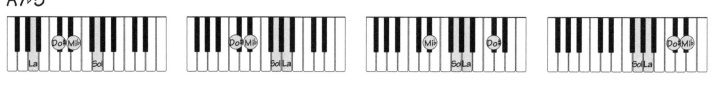

B♭7♭5

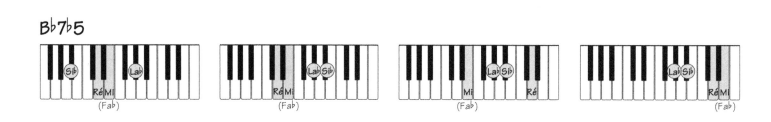

B7♭5

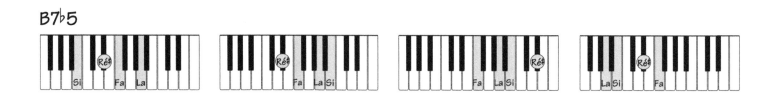

C7♭5

C♯7♭5/D♭7♭5

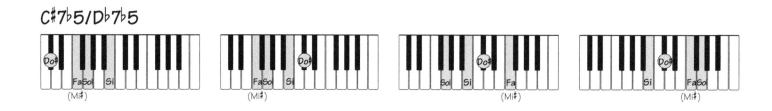

D7♭5

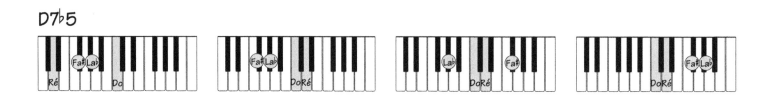

Position fondamentale	1er Renversement	2ème Renversement	3ème Renversement

Eb7b5
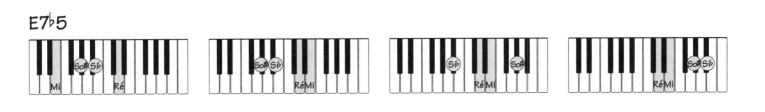

E7b5
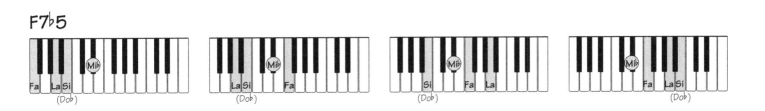

F7b5
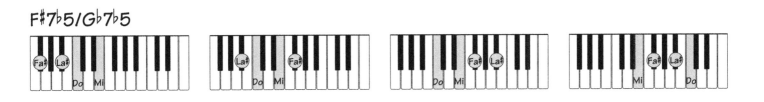

F#7b5/Gb7b5
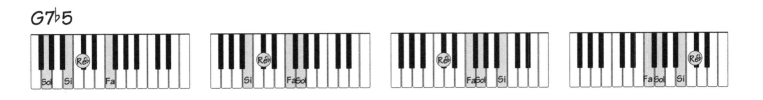

G7b5
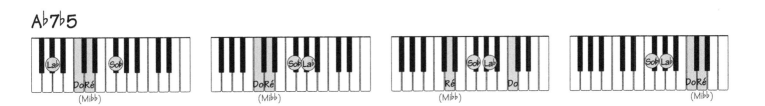

Ab7b5
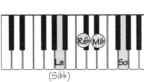

Position fondamentale	1er Renversement	2ème Renversement	3ème Renversement

Am7♭5

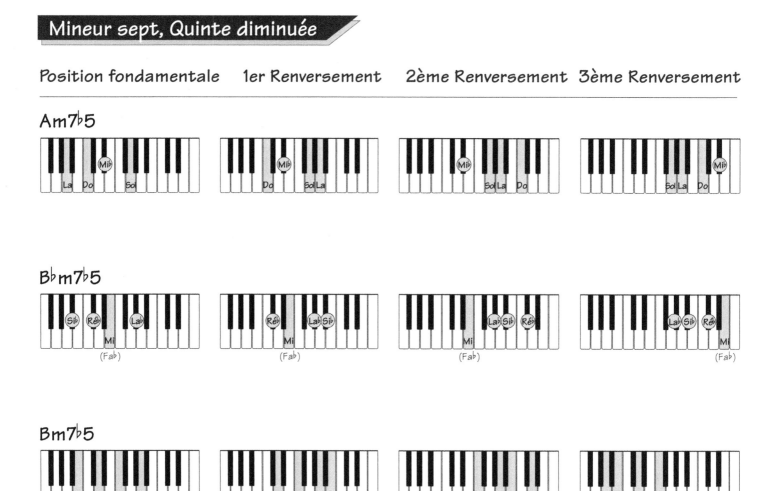

B♭m7♭5

Bm7♭5

Cm7♭5

C♯m7♭5/D♭m7♭5

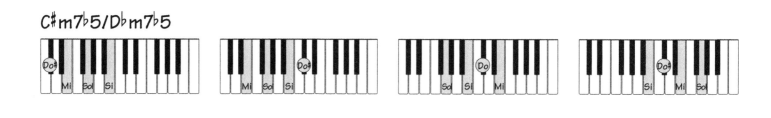

Dm7♭5

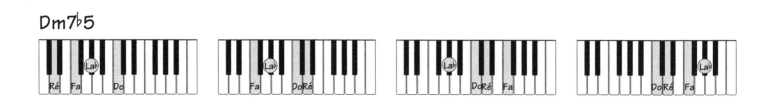

Position fondamentale   1er Renversement   2ème Renversement   3ème Renversement

E♭m7♭5

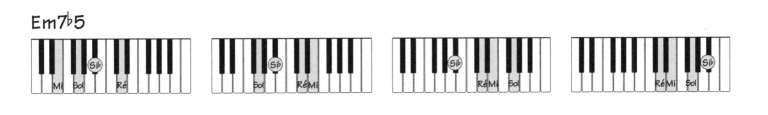

Em7♭5

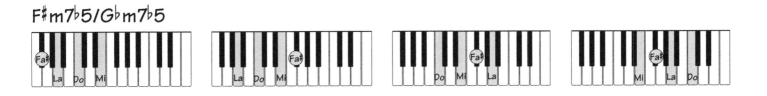

Fm7♭5

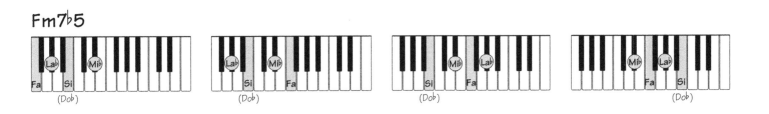

F#m7♭5/G♭m7♭5

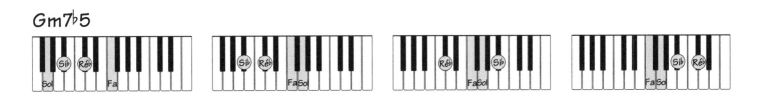

Gm7♭5

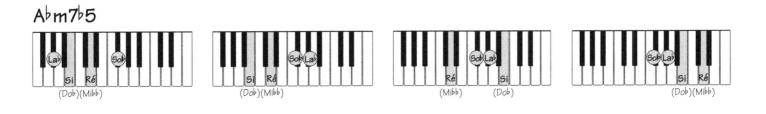

A♭m7♭5

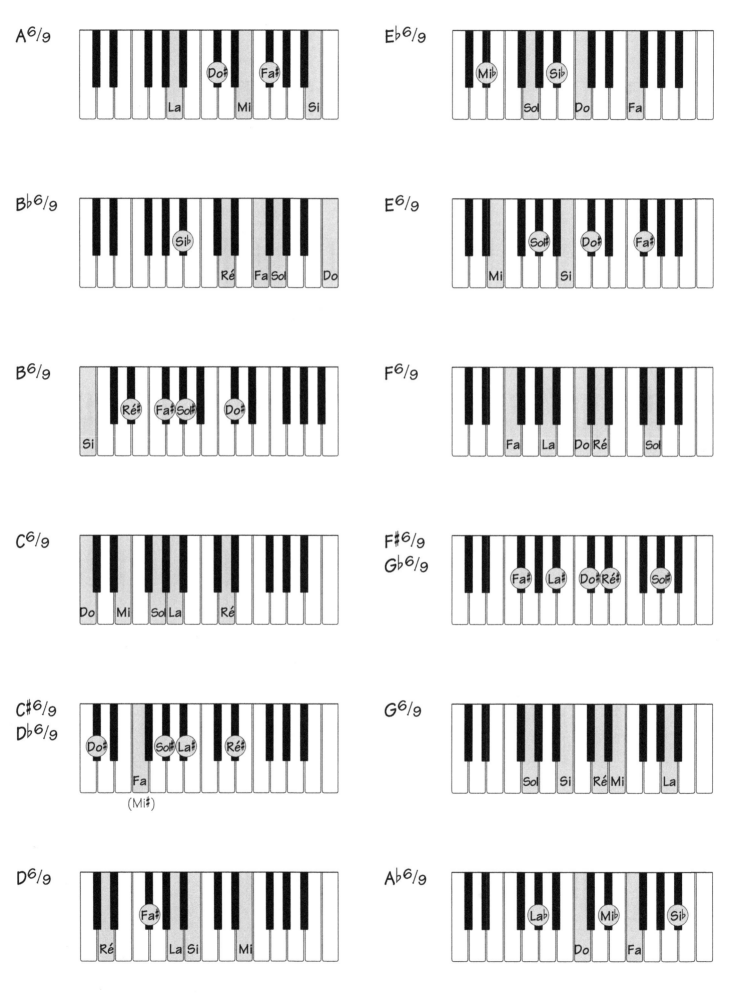

Sept, Neuvième augmentée

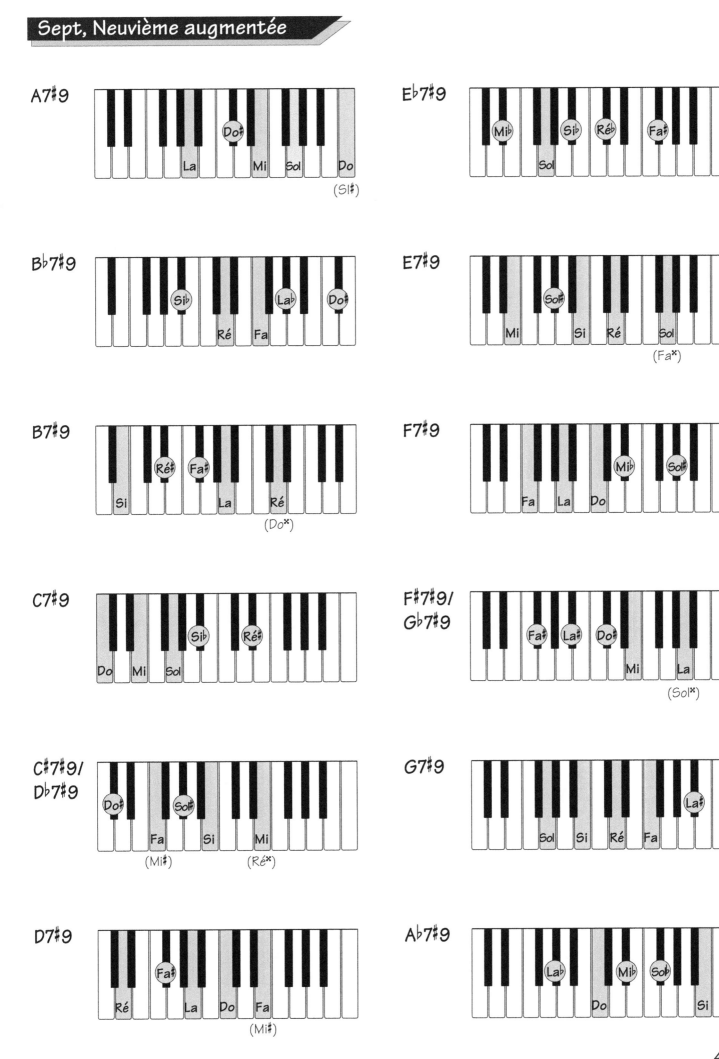

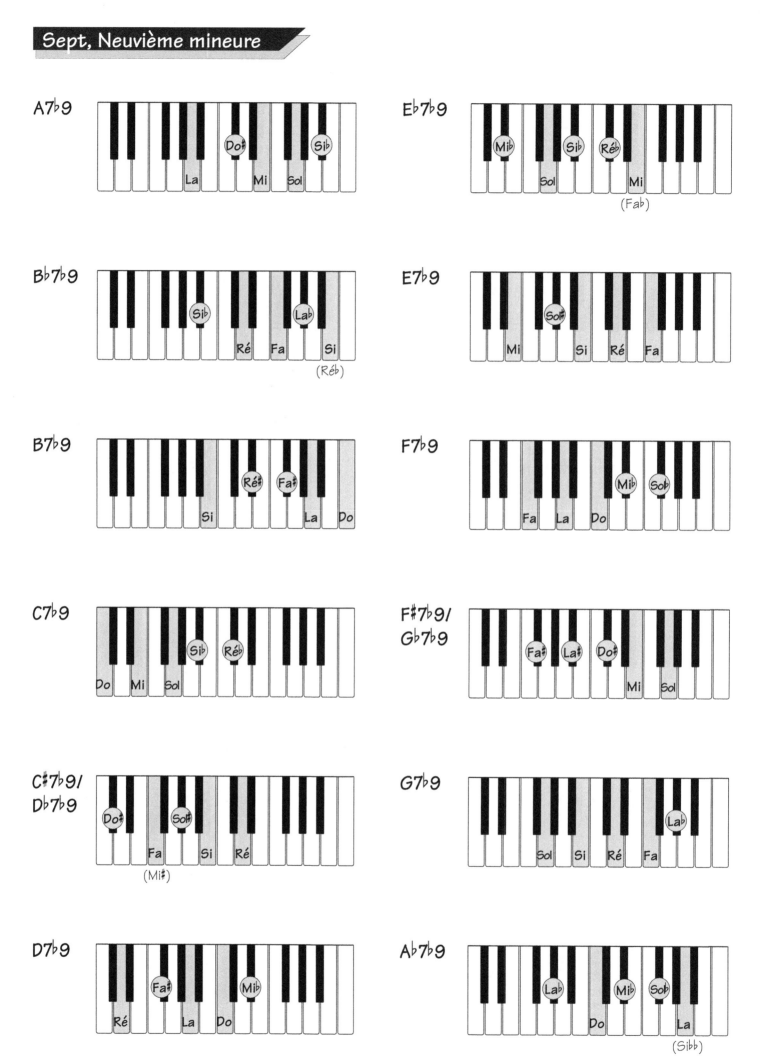

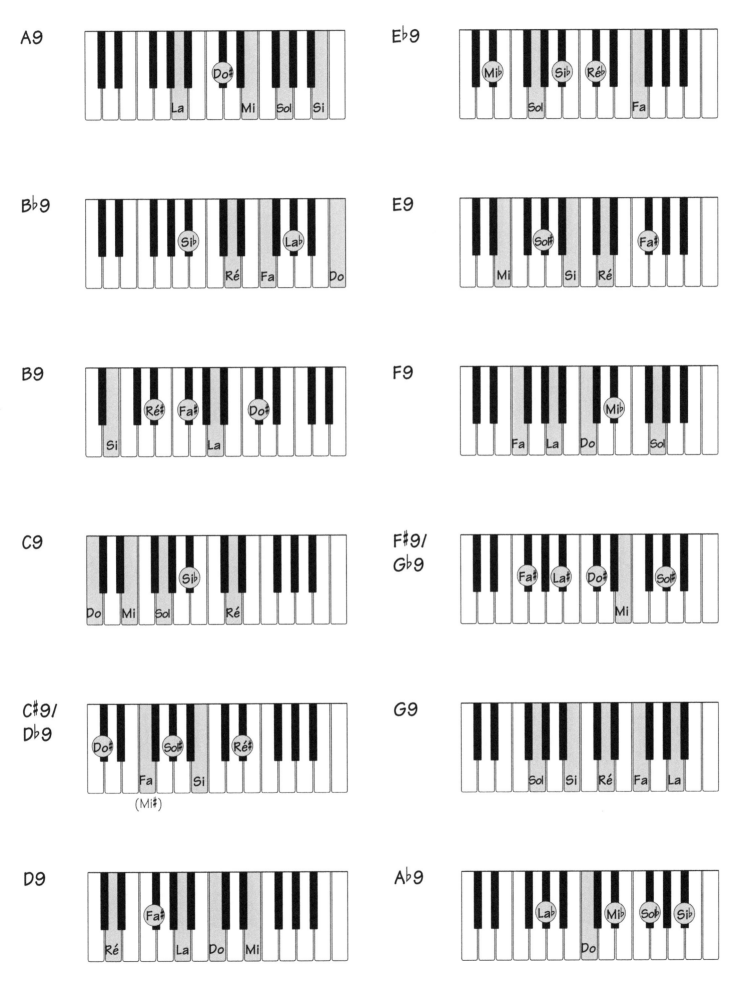

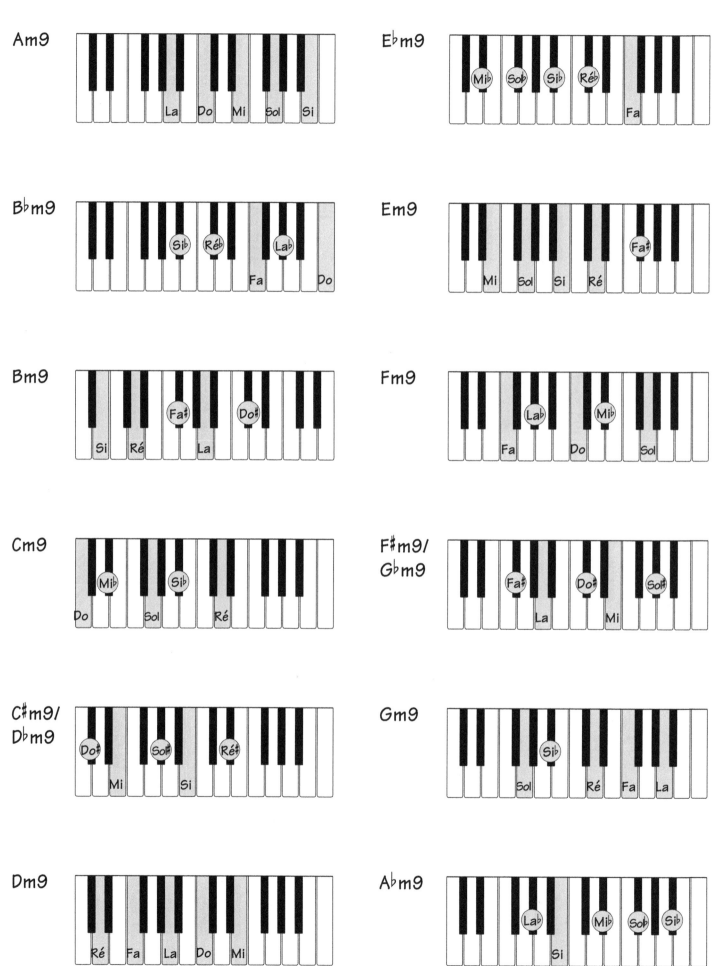

Onzième

A11

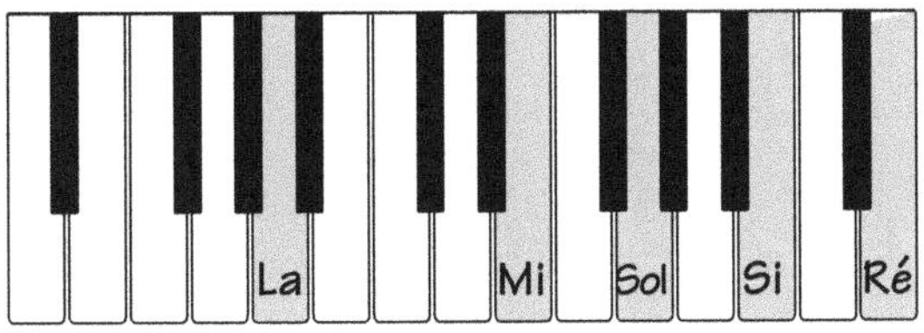

B♭11

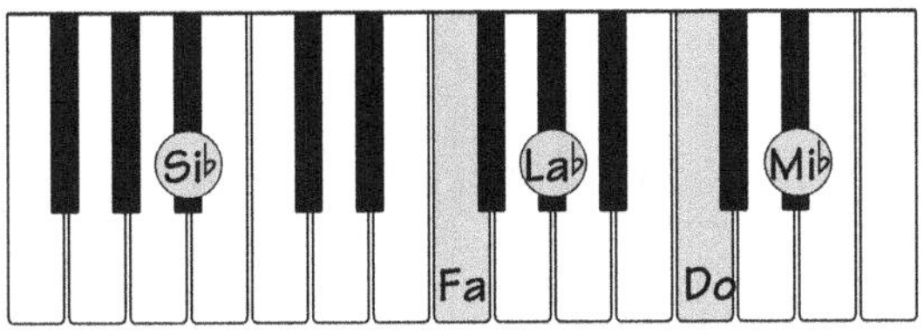

B11

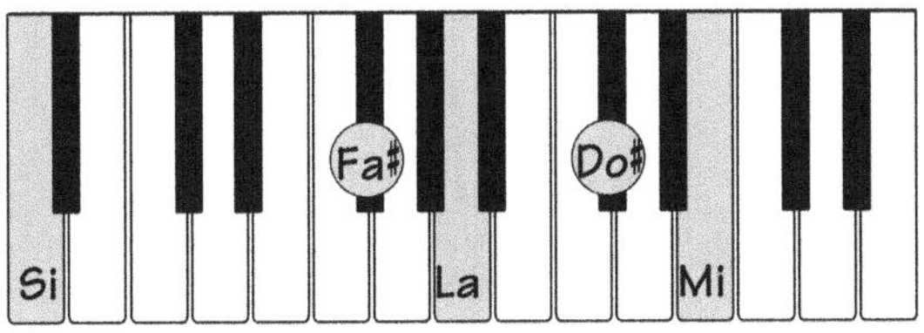

C11

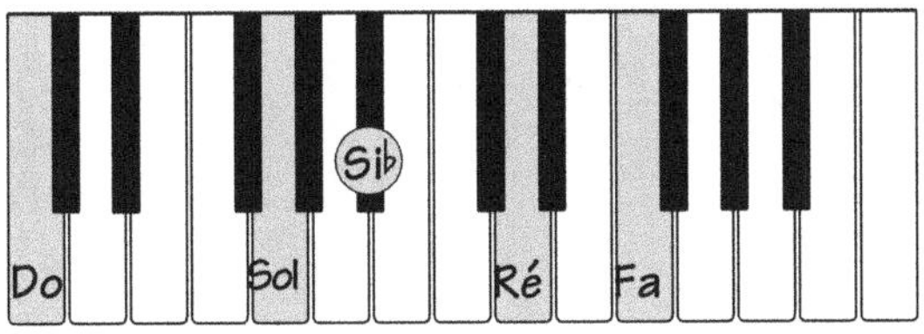

C#11/
D♭11

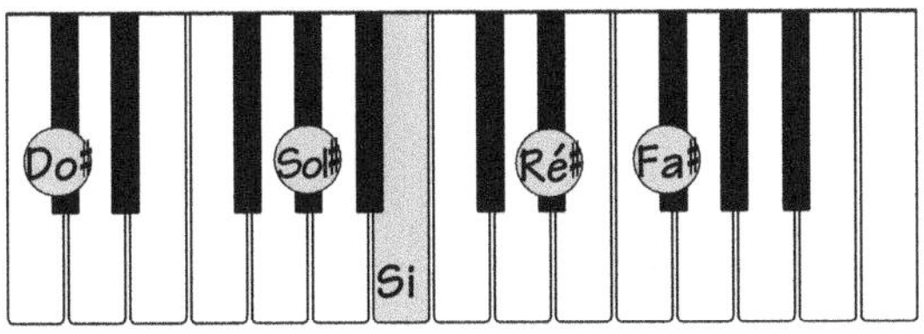

D11

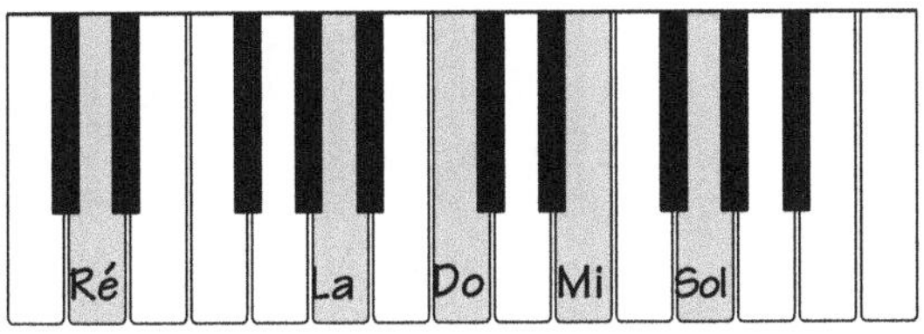

E♭11

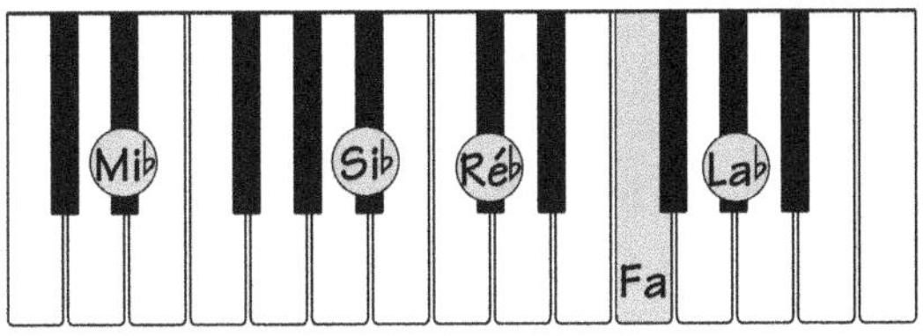

E11

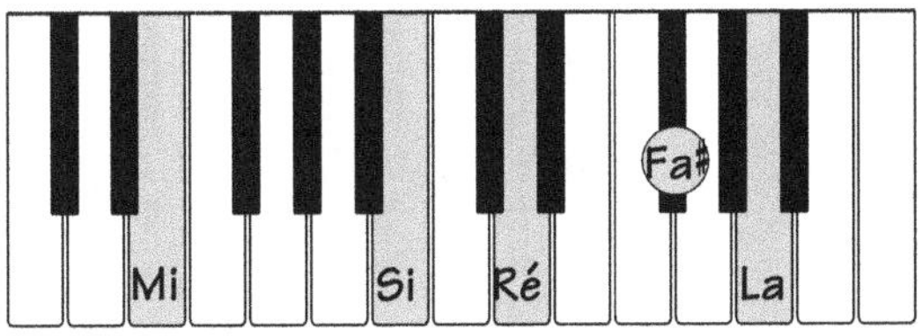

F11

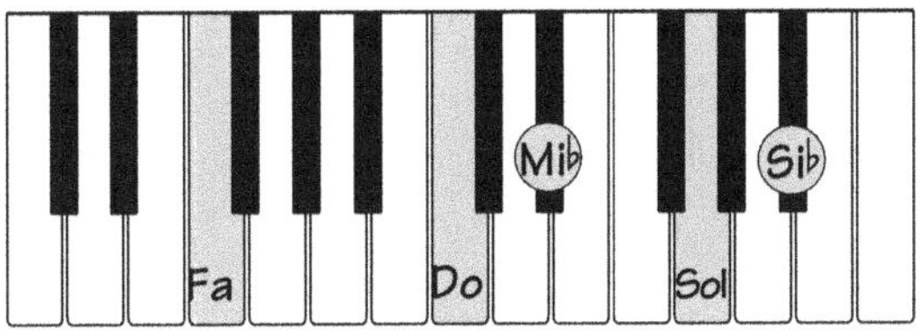

F#11/
G♭11

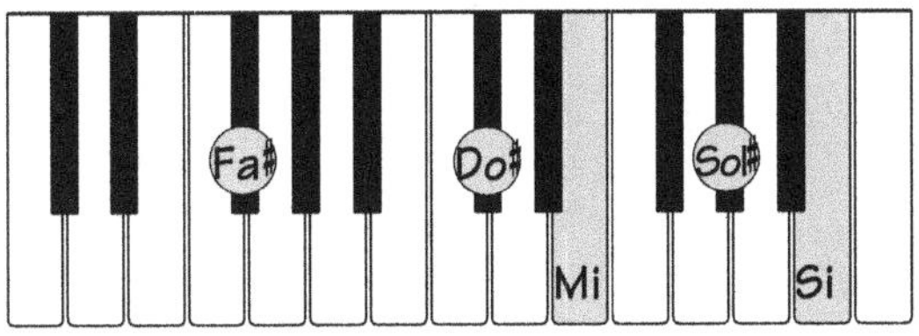

G11

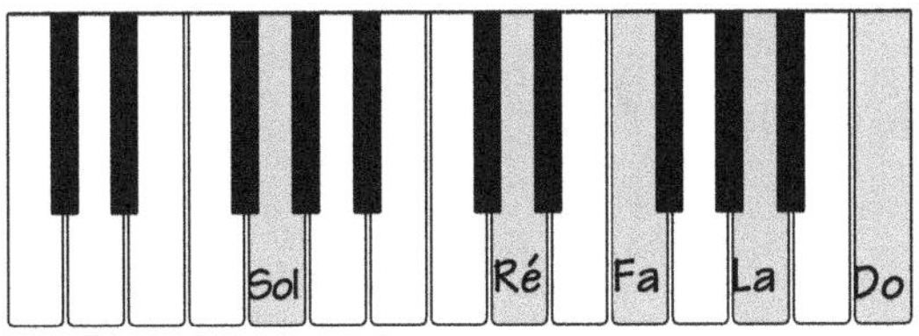

A♭11

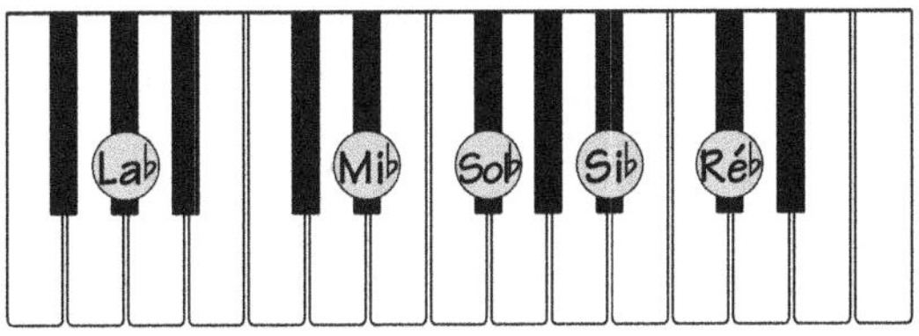

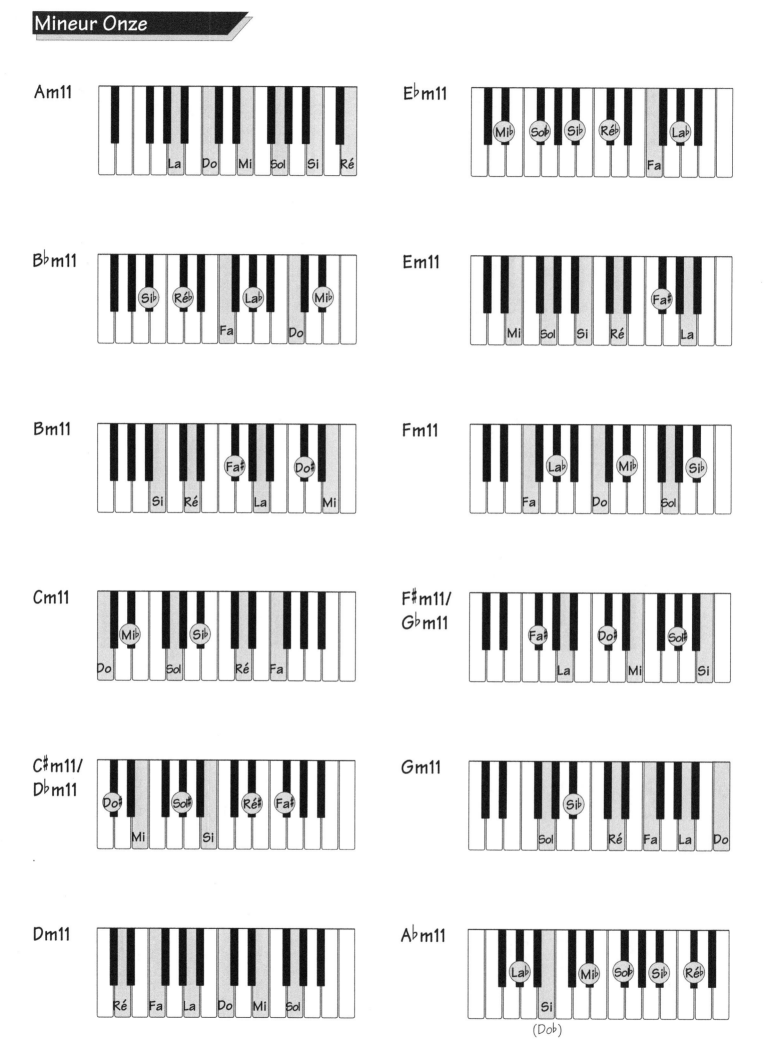

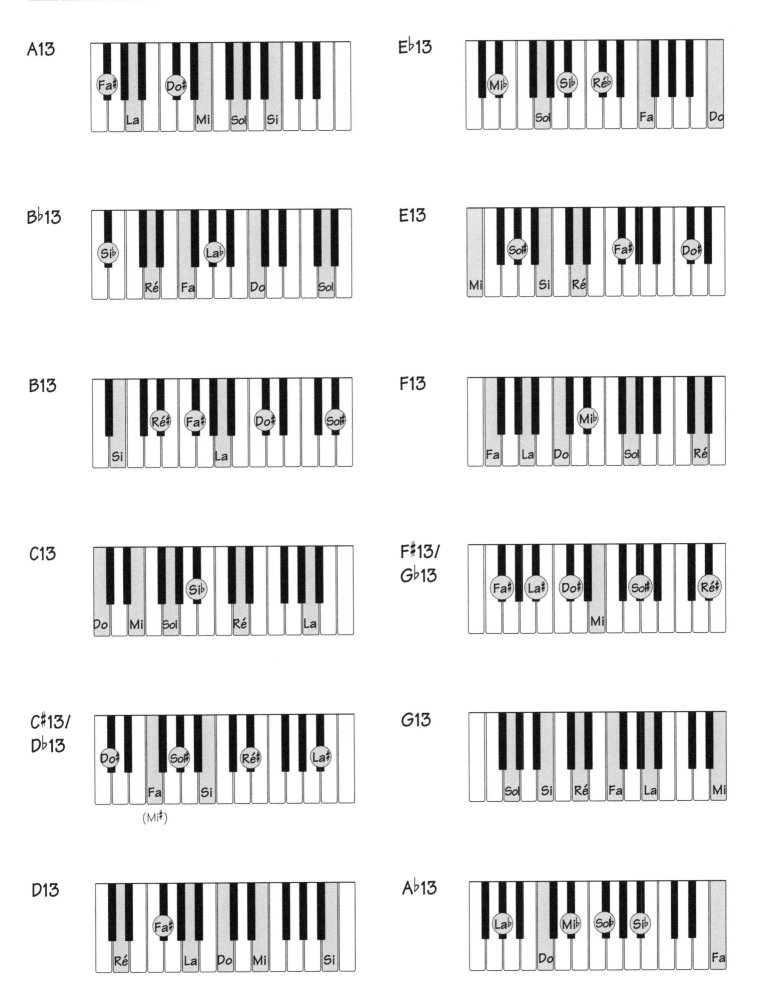

LES GAMMES

Gamme (provient de la lettre gamma qui désigne aussi les rayons émis par les corps radioactifs !) : une succession de notes disposées selon un ordre spécifique.

Il est primordial de connaître les gammes, surtout lorsque l'on doit jouer un solo. Ce chapitre est un outil de référence pratique élaboré afin que vous puissiez, sur votre clavier, construire, situer et jouer toutes les gammes principales. Parvenu à la fin de ce chapitre, vous utiliserez les gammes pour improviser sur la "Jam Session" du audio.

Ton sur ton...

Chaque gamme possède un arrangement particulier de tons, demi-tons, et parfois d'écarts d'un ton et demi. Pour construire une gamme, il suffit de choisir une fondamentale et d'appliquer un type d'arrangement des notes. Nous vous présentons ici deux manières de construire (on pourrait dire "épeler") chaque gamme :

1. Construction d'après les Noms des Notes (ex. la-si-do-ré-mi-fa-sol-la)

La façon la plus courante de se représenter une gamme est d'utiliser les noms des différentes notes qu'elle contient. Bien entendu, les noms des notes d'une gamme varient (naturel, dièse, bémol) selon l'arrangement des tons utilisé pour la construire.

Comparons les gammes de Mi Majeur et de Mi mineur. Dans la façon dont elles s'écrivent, on constate des différences au niveau de la tierce, de la sixte et de la septième :

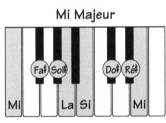

2. Construction par Tons (ex. 1–1/2–1–1–1/2–1+1/2–1/2)

Cette méthode de construction vous indique de combien de tons il faut monter pour passer d'une note de la gamme à la suivante. On utilise le chiffre 1 pour désigner le ton complet, la fraction 1/2 pour représenter le demi-ton et l'addition 1+1/2 pour indiquer qu'il faut monter d'un ton et demi. Partez de n'importe quelle note et gravissez les échelons en respectant les écarts.

> RAPPEL : La présence de dièses et de bémols à l'intérieur d'une gamme est inévitable (à l'exception des gammes de Do Majeur et La mineur). Alors ne soyez pas alarmé lorsqu'un intervalle particulier vous oblige à en jouer.

Voici un exemple d'application, sachant que la fondamentale de laquelle on part est le LA :

ordre des tons et des demi-tons = 1–1–1/2–1–1–1–1/2

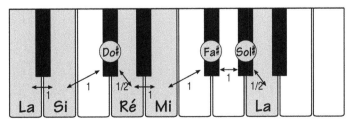

résultat = la-si-do#-ré-mi-fa#-sol#-la

Choisissez une main, n'importe laquelle...

Comme vous pourrez le constater, les schémas des gammes ne sont pas présentés en notation musicale mais sous la forme de diagrammes. Ainsi, il vous sera possible de les jouer soit avec la main droite, soit avec la gauche (voire les deux !).

La question du doigté...

Lorsque l'on joue des gammes, il est capital d'adopter le bon doigté. Il faut que cela devienne une habitude pour vous de posséder le doigté approprié dès le moment où vous commencez à travailler une gamme.

Notez bien que le doigté diffère en fonction de la main avec laquelle vous jouez la gamme.

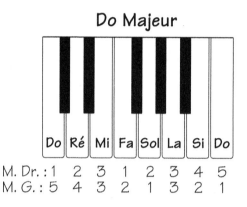

Do Majeur

	Do	Ré	Mi	Fa	Sol	La	Si	Do
M. Dr. :	1	2	3	1	2	3	4	5
M. G. :	5	4	3	2	1	3	2	1

Si vous utilisez le doigté recommandé, votre jeu gagnera en rapidité, sera plus fluide et tout bonnement meilleur !

☞ CONSEIL PRATIQUE : Veillez à travailler chaque gamme en montant puis en descendant. Et, comme toujours, commencez doucement puis gagnez de la vitesse progressivement au fur et à mesure que vous gagnez de l'assurance.

C'est à peu près tout... bonne chance et amusez-vous bien !

LA GAMME MAJEURE

La plus courante des gammes utilisées en musique est la gamme **majeure**, alors apprenez-la bien ! Elle consiste en une série ascendante ou descendante de huit notes consécutives.

Tons : 1-1-1/2-1-1-1-1/2

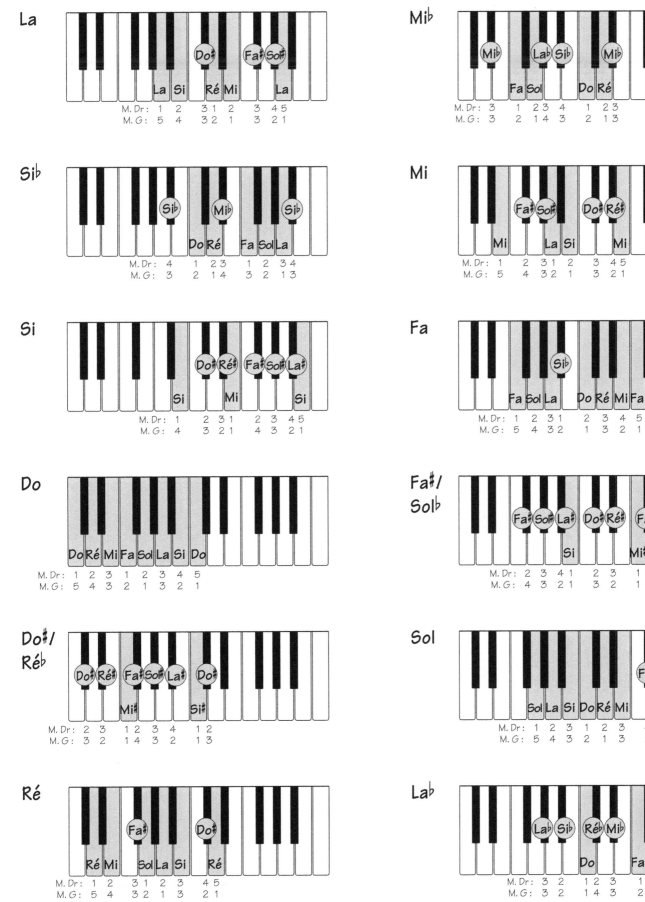

LA GAMME MINEURE

Cette gamme est utilisée dans pratiquement tous les styles de musique occidentale. Elle est parfois désignée sous les noms de gamme mineure "naturelle", "relative mineure" ou encore "mode éolien".

Tons : 1-1/2-1-1-1/2-1-1

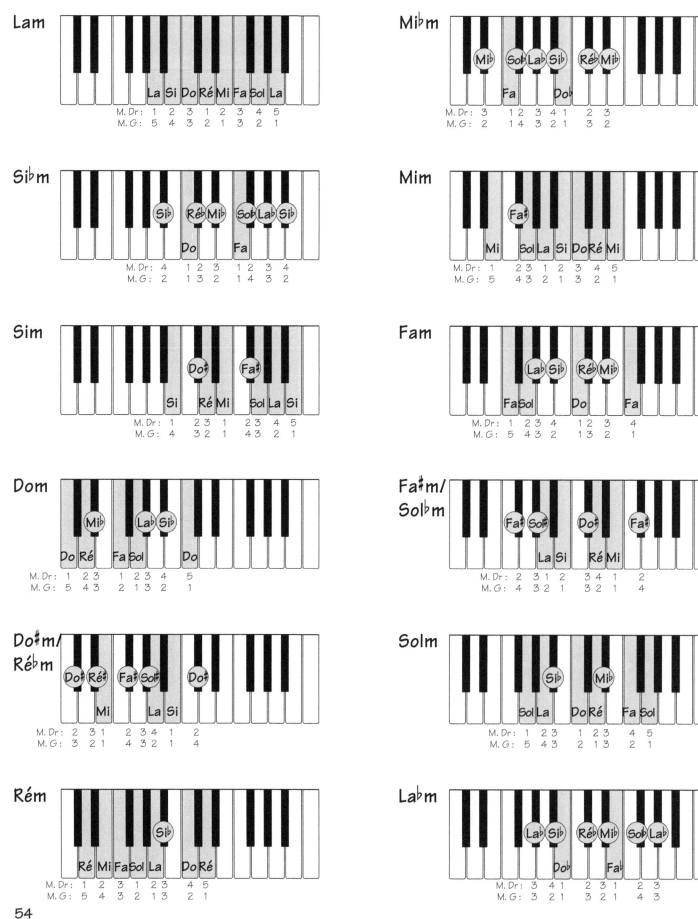

LA GAMME MINEURE HARMONIQUE

Cette gamme est un autre type de gamme mineure, une alternative très courante dans la musique classique.

Tons : 1-1/2-1-1-1/2-1+1/2-1/2

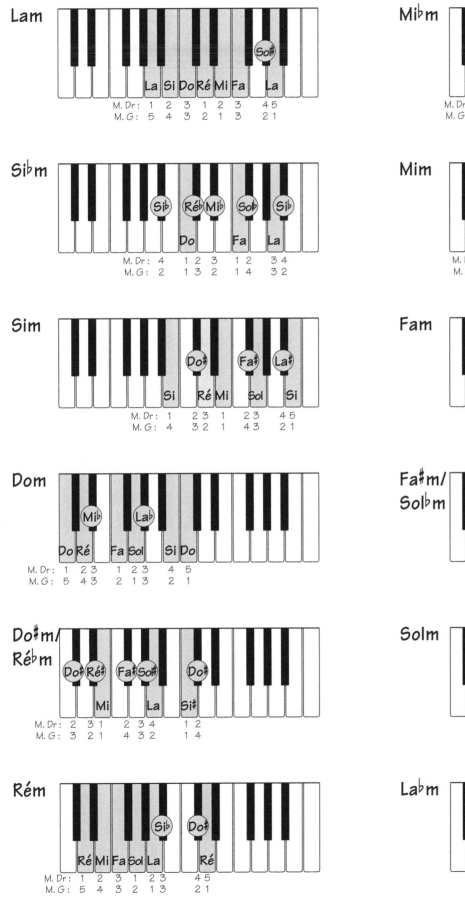

Lam

La Si Do Ré Mi Fa Sol# La

M. Dr : 1 2 3 1 2 3 4 5
M. G : 5 4 3 2 1 3 2 1

Sibm

Sib Do Réb Mib Fa Solb Sib

M. Dr : 4 1 2 3 1 2 3 4
M. G : 2 1 3 2 1 4 3 2

Sim

Si Do# Ré Mi Fa# Sol La# Si

M. Dr : 1 2 3 1 2 3 4 5
M. G : 4 3 2 1 4 3 2 1

Dom

Do Ré Mib Fa Sol Lab Si Do

M. Dr : 1 2 3 1 2 3 4 5
M. G : 5 4 3 2 1 3 2 1

Do#m / Rébm

Do# Ré# Mi Fa# Sol# La Si# Do#

M. Dr : 2 3 1 2 3 4 1 2
M. G : 3 2 1 4 3 2 1 4

Rém

Ré Mi Fa Sol La Sib Do# Ré

M. Dr : 1 2 3 1 2 3 4 5
M. G : 5 4 3 2 1 3 2 1

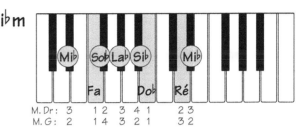

Mibm

Mib Fa Solb Lab Sib Dob Ré Mib

M. Dr : 3 1 2 3 4 1 2 3
M. G : 2 1 4 3 2 1 3 2

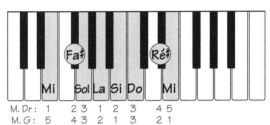

Mim

Mi Fa# Sol La Si Do Ré# Mi

M. Dr : 1 2 3 1 2 3 4 5
M. G : 5 4 3 2 1 3 2 1

Fam

Fa Sol Lab Sib Do Réb Mi Fa

M. Dr : 1 2 3 4 1 2 3 4
M. G : 5 4 3 2 1 3 2 1

Fa#m / Solbm

Fa# Sol# La Si Do# Ré Mi# Fa#

M. Dr : 2 3 1 2 3 4 1 2
M. G : 4 3 2 1 3 2 1 4

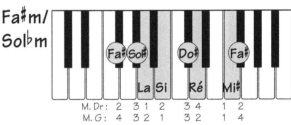

Solm

Sol La Sib Do Ré Mib Fa# Sol

M. Dr : 1 2 3 1 2 3 4 5
M. G : 5 4 3 2 1 3 2 1

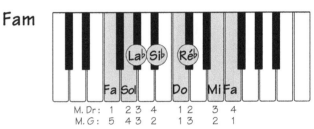

Labm

Lab Sib Dob Réb Mib Fab Sol Lab

M. Dr : 3 4 1 2 3 1 2 3
M. G : 3 2 1 3 2 1 4 3

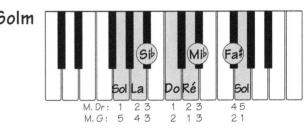
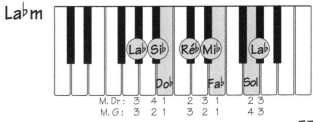

LA GAMME MINEURE MÉLODIQUE

Cette gamme peut également être employée avec des accords mineurs et est communément désignée sous le nom de "gamme mineure jazz".

Tons : 1-1/2-1-1-1-1-1/2

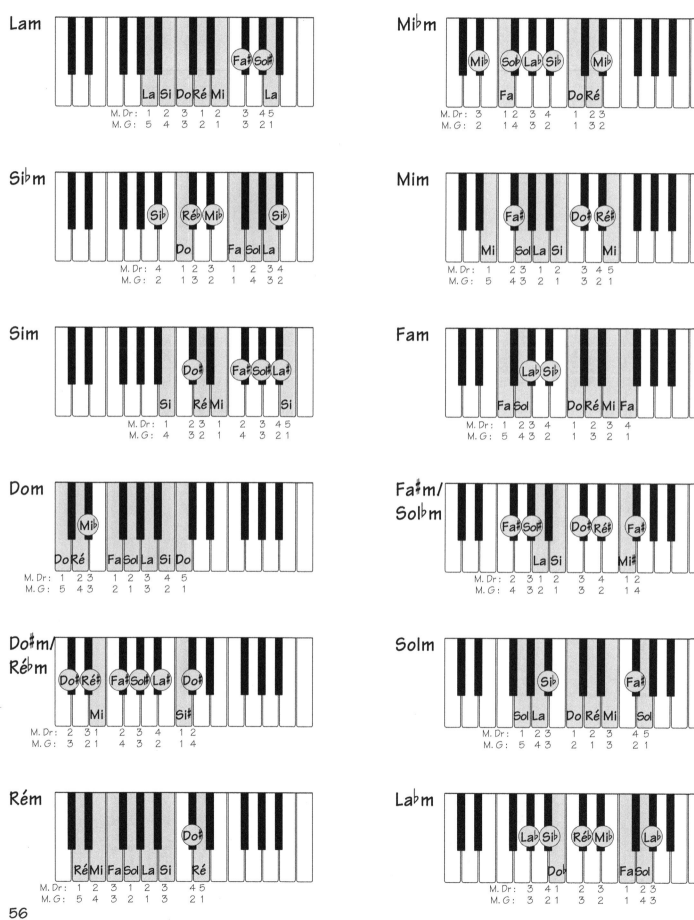

LA GAMME BLUES

La gamme **blues** est très répandue dans le jazz, le rock, et (vous l'avez deviné !) le blues. Elle contient une **note de blues** (5♭) additionnelle, provenant de la gamme mineure pentatonique, mais ne comporte pourtant que six notes.

Tons :   1+1/2-1-1/2-1/2-1+1/2-1

La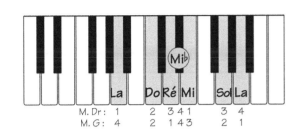

Mi♭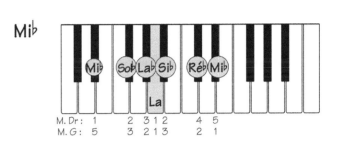

Si♭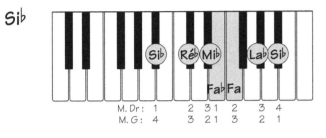

Mi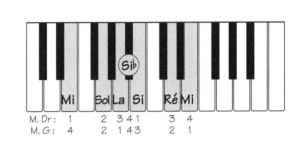

Si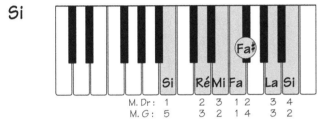

Fa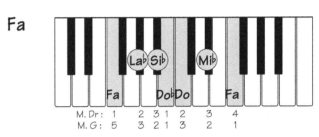

Do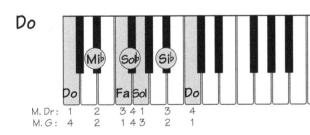

Fa♯/ Sol♭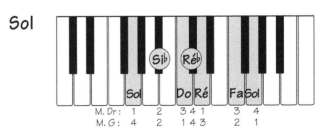

Do♯/ Ré♭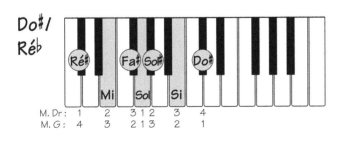

Sol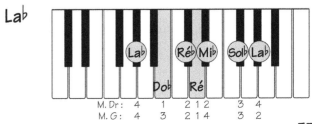

Ré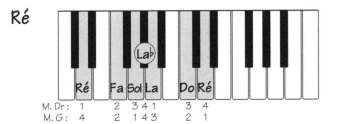

La♭

MODES

Les modes se rapprochent des gammes en cela que chacun possède une structure particulière de tons et de demi-tons. La différence est qu'il n'y a pas de lien entre un mode et la tonalité de sa fondamentale. En d'autres termes, un mode dorien construit sur la fondamentale do n'appartient pas à la tonalité de do. Les sept modes d'un usage courant dans la musique actuelle sont dérivés des sept notes de la gamme majeure :

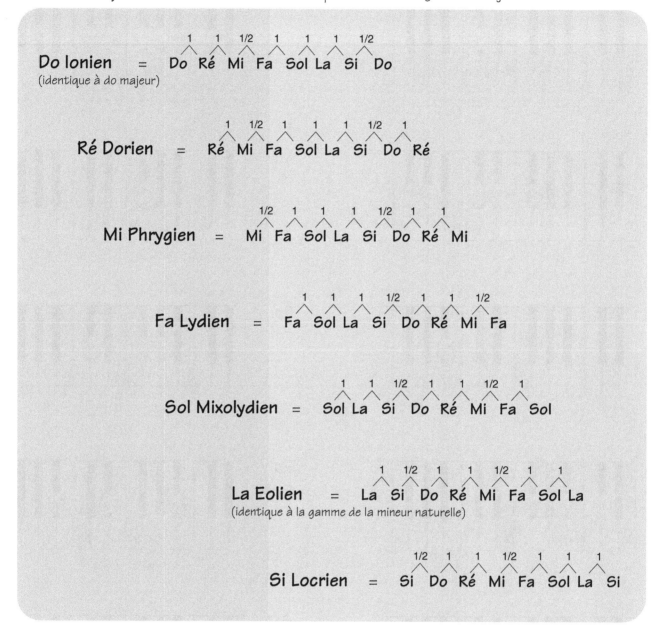

Comme vous pouvez le constater, chaque mode est effectivement une variation de la gamme majeure. Seul l'arrangement des intervalles diffère.

La page suivante montre la construction de chaque mode à partir de deux notes fondamentales.
Aussitôt que leur fonctionnement vous paraîtra clair, essayez d'appliquer les structures à chacune des dix autres notes fondamentales.

Fa	Sol
Ionien	

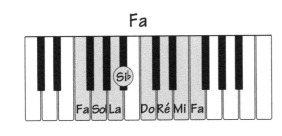

Dorien

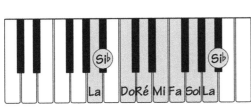
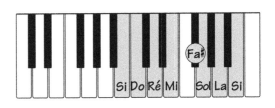

Phrygien

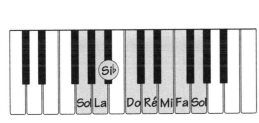

Lydien

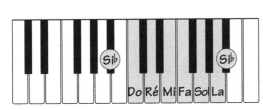

Mixolydien

Eolien

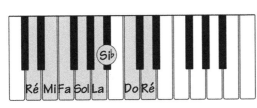

Locrien

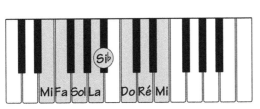

JAM SESSION

A partir de maintenant, faites payer les entrées...

Maintenant il est temps d'utiliser les accords et les gammes tirés du livre et de jouer de la **vraie musique** ! Cette partie du livre propose 20 suites d'accords représentant des styles musicaux variés. Jouez avec l'accompagnement sur audio. Vous pouvez soit vous concentrer sur les accords et les jouer comme partie rythmique, soit utiliser les gammes suggérées pour vous entraîner à l'improvisation.

Quel que soit votre choix, montez le son et faites un bœuf !

> BREF RAPPEL : Les icônes audio qui accompagnent chaque exemple correspondent aux numéros des plages du audio.

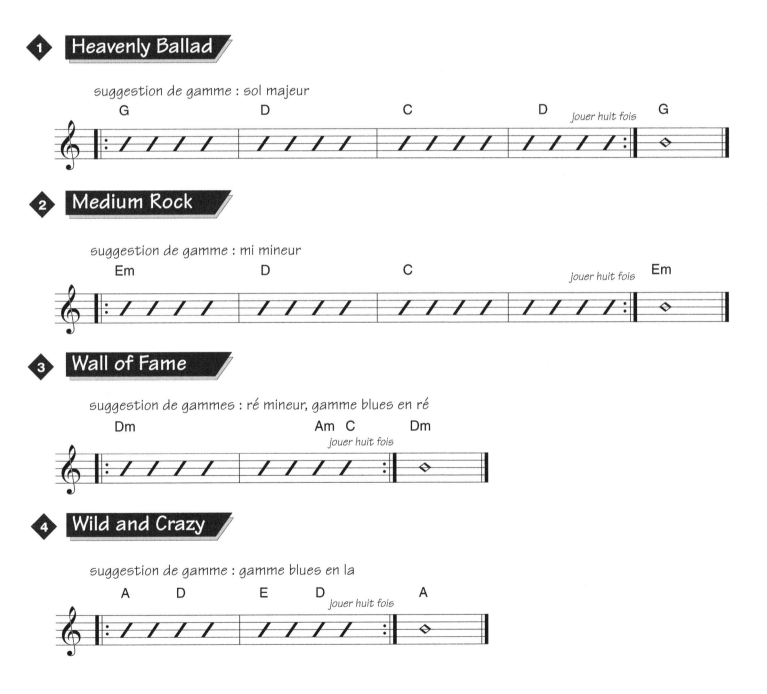

1 Heavenly Ballad

suggestion de gamme : sol majeur

G   D   C   D   *jouer huit fois*   G

2 Medium Rock

suggestion de gamme : mi mineur

Em   D   C   *jouer huit fois*   Em

3 Wall of Fame

suggestion de gammes : ré mineur, gamme blues en ré

Dm   Am   C   Dm   *jouer huit fois*

4 Wild and Crazy

suggestion de gamme : gamme blues en la

A   D   E   D   *jouer huit fois*   A

5 Full Deck Shuffle

suggestion de gammes : gamme blues en mi, mi mineur pentatonique

6 Generic Pop

suggestion de gamme : do majeur

7 Funky Feeling

suggestion de gamme / mode : gamme blues en mi, mi mixolydien

8 Don't Stop

suggestion de gammes : sol majeur, mi mineur

9 Smooth Jazz

suggestion de gamme : fa majeur

10 Overtime

suggestion de gammes : gamme blues en do, do mineur

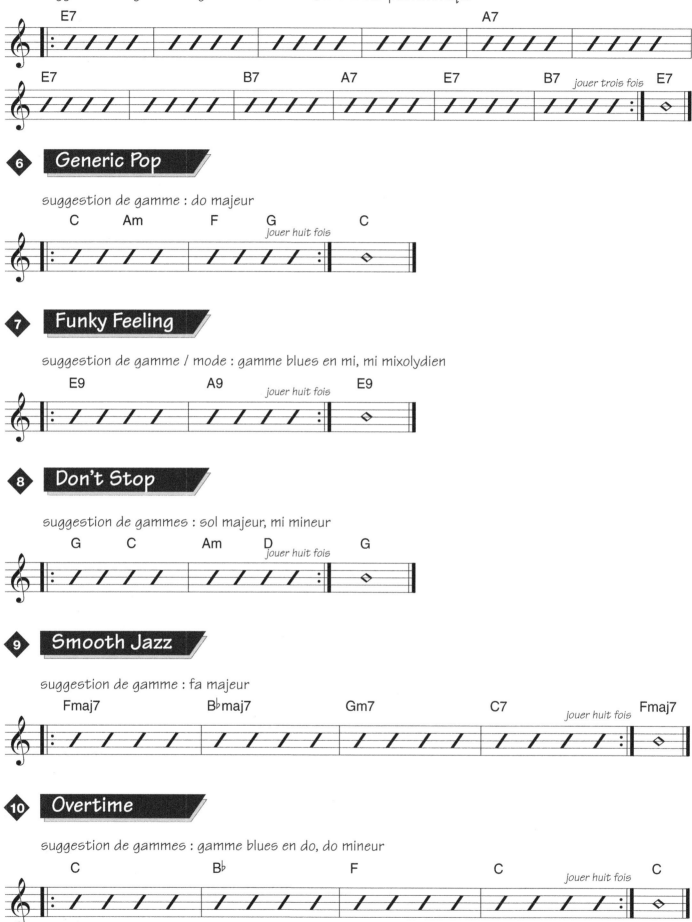

11 Nashville Dreamin'

suggestion de gamme : do majeur

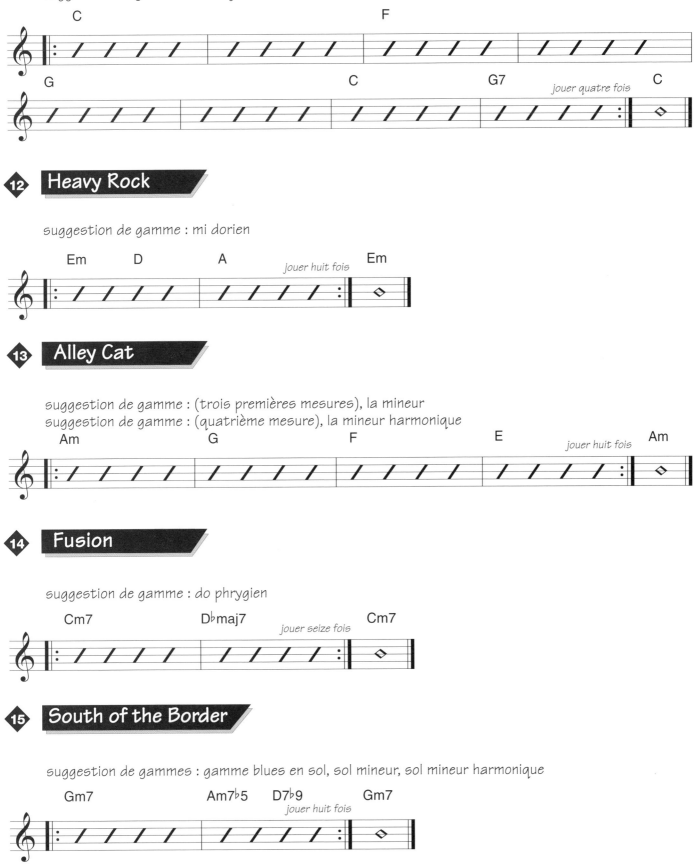

12 Heavy Rock

suggestion de gamme : mi dorien

13 Alley Cat

suggestion de gamme : (trois premières mesures), la mineur
suggestion de gamme : (quatrième mesure), la mineur harmonique

14 Fusion

suggestion de gamme : do phrygien

15 South of the Border

suggestion de gammes : gamme blues en sol, sol mineur, sol mineur harmonique

Ne vous arrêtez pas en si bon chemin ! Tournez la page...

Scare Us — 16

suggestion de gamme / mode : gamme blues en la, si♭ lydien,

B♭maj7♭5	Am	Gm	Am	B♭maj7♭5

jouer huit fois

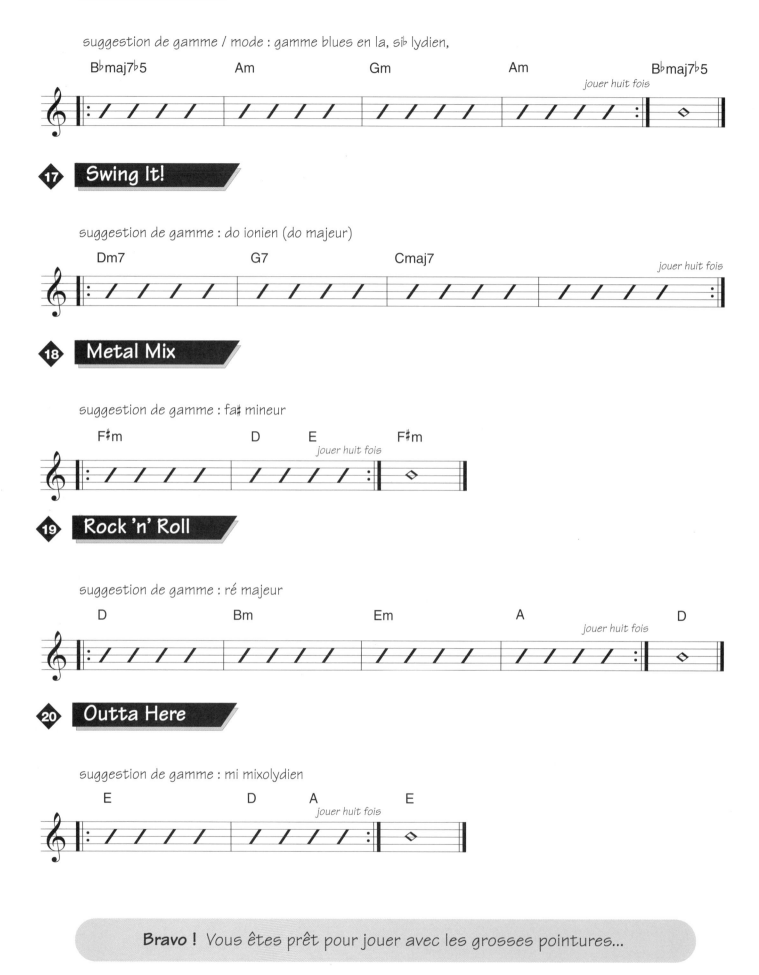

Swing It! — 17

suggestion de gamme : do ionien (do majeur)

Dm7	G7	Cmaj7	

jouer huit fois

Metal Mix — 18

suggestion de gamme : fa♯ mineur

F♯m	D	E	F♯m

jouer huit fois

Rock 'n' Roll — 19

suggestion de gamme : ré majeur

D	Bm	Em	A	D

jouer huit fois

Outta Here — 20

suggestion de gamme : mi mixolydien

E	D	A	E

jouer huit fois

Bravo ! Vous êtes prêt pour jouer avec les grosses pointures...